HEYNE<

Birgit Adam

Die schönsten
Spiele und
Einlagen für die
Hochzeitsfeier

Reden, Sketche, Bräuche,
Hochzeitszeitung ...

WILHELM HEYNE VERLAG
MÜNCHEN

FSC
Mix
Produktgruppe aus vorbildlich
bewirtschafteten Wäldern und
anderen kontrollierten Herkünften

Zert.-Nr. SGS-COC-1940
www.fsc.org
© 1996 Forest Stewardship Council

Verlagsgruppe Random House FSC-DEU-0100
Das für dieses Buch verwendete FSC-zertifizierte Papier
München Super liefert Mochenwangen.

5. Auflage

Originalausgabe 10/2003
Copyright © 2003 by Ullstein Heyne List GmbH & Co. KG, München
Der Wilhelm Heyne Verlag, München, ist ein Verlag der
Verlagsgruppe Random House GmbH
http://www.heyne.de
Printed in Germany 2007
Konzeption und Realisation: Medienagentur Gerald Drews, Augsburg
Redaktion: Barbara Imgrund
Umschlagillustration: Eisenhut & Mayer/Getty Images
Umschlagkonzept und -gestaltung: Eisele Grafik-Design, München
Satz: Schaber Satz- und Datentechnik, Wels
Druck und Bindung: GGP Media GmbH, Pößneck

ISBN: 978-3-453-87478-7

Inhalt

Vorwort 9

1. KAPITEL **Vorüberlegungen** 11

Wer gestaltet die Hochzeitsfeier? 11
Die Rahmenbedingungen 12
Die Wünsche und Interessen des Brautpaars 13
Der richtige Zeitpunkt für Spiele 14

2. KAPITEL **Reden für die Hochzeitsfeier** 17

Vorbereitung und Gestaltung der Rede 17
Inhaltliche Elemente 22
Musterreden und Textbausteine 27

3. KAPITEL **Gedichte und Sprüche
für die Hochzeitsfeier** 39

Humorvolle Gedichte und Sprüche 39
Kindergedichte 47
Trinksprüche 52

4. KAPITEL Sketche für die Hochzeitsfeier 59

So schreiben Sie einen guten Sketch 59
Sketche rund um Liebe und Hochzeit 63

5. KAPITEL Die Hochzeitszeitung 77

Vorbereitung und Planung 77
Der Inhalt oder Was auf jeden Fall
in die Hochzeitszeitung gehört 84
Weitere witzige Elemente für die Hochzeitszeitung 88
Textbausteine für die Hochzeitszeitung 91

6. KAPITEL Spiele und Einlagen zur Gestaltung der Hochzeitsfeier 105

Spiele für das Brautpaar 105
Spiele für die Gäste 111
Geschenkübergabe einmal anders 117
Fotoaktionen 122
Unterhaltung aus Profihand 126

7. KAPITEL Hochzeitsbräuche 129

Ihr Kinderlein kommet 129
Rund ums Brautkleid 131
Hindernisse auf dem Weg in die Ehe 133
Keine Chance für böse Geister! 135
Speis und Trank mit Tradition 136
Ein Baum als ewige Erinnerung an die Hochzeit 139
Wer heiratet als Nächstes? 140
Entführungsaktionen 141
So kommt Geld in die Hochzeitskasse 143

Hochzeitsnachtscherze 144
Hochzeitsbräuche aus aller Welt 148

8. KAPITEL **Das besondere Fest:
Überraschungs- und Mottohochzeit** 151

Die Überraschungshochzeit 151
Die Mottohochzeit 153

Anhang 155

Die besten Internetadressen für die Hochzeitsfeier 155

Vorwort

Die Einladung zu einer Hochzeit flattert ins Haus – an sich ein Grund zur Freude. Doch mancher Gast gerät dadurch auch ein wenig in Bedrängnis: Schließlich will jeder seinen Beitrag dazu leisten, dass das Hochzeitsfest für das Brautpaar unvergesslich bleibt. Was also tun? Eine Rede halten? Mit Sketchen und Spielen für Abwechslung sorgen? Oder den großen Tag in einer Hochzeitszeitung schwarz auf weiß verewigen? Und welche traditionellen Hochzeitsbräuche, die sich bis heute gehalten haben, lassen sich gut in die Feierlichkeiten einbauen?
Dieses Buch gibt Tipps und Anregungen, wie Familie und Freunde, Verwandte und Bekannte des Brautpaars die Hochzeitsfeier originell gestalten können. Dazu gehören Reden – mal feierlich, mal humorvoll –, Gedichte und Trinksprüche, Sketche und Spiele. Außerdem erfährt der Leser, wie man eine Hochzeitszeitung plant, finanziert und gestaltet und bekommt dazu auch einige Textbausteine an die Hand. Ferner stellt das Buch Hochzeitsbräuche vor, die auf Hochzeitsfesten immer wieder für Abwechslung und Erheiterung sorgen. Oder wie wäre es einmal mit einem ganz besonderen Geschenk? Statt Bettwäsche und Geschirr schenken die Gäste dem Brautpaar gleich ein ganzes Fest: Sie übernehmen alles – von der Planung über die Kosten bis hin zur Ausführung und dem Aufräumen!
Eine gelungene Hochzeitsfeier wünscht Ihnen in diesem Sinne

Birgit Adam

1. KAPITEL
Vorüberlegungen

Bevor Sie ans Werk gehen und die ultimative Hochzeitsfeier planen, sollten Sie sich erst einmal hinsetzen und sich ein paar Gedanken machen: Wer wirkt bei der Gestaltung der Hochzeitsfeier mit? Was wünscht sich das Brautpaar? Wo findet das Fest überhaupt statt? Diese und ähnliche Fragen sollten im Mittelpunkt Ihrer Vorüberlegungen stehen. Was es dabei zu beachten gilt, erfahren Sie in diesem Kapitel.

Wer gestaltet die Hochzeitsfeier?

Legen Sie frühzeitig fest, wer alles bei der Gestaltung der Hochzeitsfeier mitwirkt, denn nur so können Sie vermeiden, dass zwei Gruppen von Gästen dieselbe Idee haben oder Brautpaar und Gäste vor lauter Spielen und Einlagen nicht mehr zum Essen oder Tanzen kommen. Am besten funktioniert es, wenn ein Team die Gestaltung der Hochzeitsfeier übernimmt und die Beiträge und Aktivitäten der einzelnen Gäste koordiniert.
Lassen Sie sich dazu vom Brautpaar eine Liste sämtlicher geladener Gäste geben und kontaktieren Sie diese, um herauszufinden, was geplant ist. Dies lässt sich ganz einfach bewerkstelligen, indem Sie per E-Mail, Fax oder Brief ein Rundschreiben an sämtliche Gäste schicken, das zum Beispiel folgendermaßen lauten kann:

> Hallo, liebe Gäste der Hochzeit von Petra und Klaus,
> ich habe die ehrenvolle Aufgabe, die Hochzeitsfeier von Petra und Klaus zu organisieren. Wie Ihr ja selber wisst,
> ist es immer schön, wenn sich so viele Gäste wie möglich an der Gestaltung der Feier beteiligen. Bitte seid doch so nett und teilt mir bis zum (zehn Tage vor der Hochzeit) mit, ob Ihr eine Festzeitung, Spiele oder sonstige Einlagen und Aktivitäten plant, damit ich ein Programm für die Feier aufstellen kann und kein Beitrag doppelt vorkommt. Herzlichen Dank für Eure Hilfe!

Keine Angst: Der Überraschungseffekt geht dadurch nicht verloren. Das Brautpaar wird mit der einen oder anderen Einlage rechnen – dass die Feier optimal organisiert ist, wird daher sicherlich auch in seinem Interesse liegen.

Achten Sie bei der Planung auch darauf, dass sich die einzelnen Beiträge nicht allzu sehr ähneln. Vor allem Spiele, wie zum Beispiel ein Quiz über das Brautpaar, sind sehr beliebte Elemente bei der Gestaltung einer Hochzeitsfeier – wenn diese dann auch noch ähnlich aufgebaut sind, werden sie allerdings schnell langweilig. Vielleicht können sich ja auch zwei Gruppen von Gästen zusammentun und ihre Ideen zu einem längeren Quiz kombinieren.

Die Rahmenbedingungen

Bedenken Sie bei der Gestaltung der Feier auch die Rahmenbedingungen, also zum Beispiel den Zeitpunkt und den Ort der Feierlichkeiten. Findet eine Hochzeit am Vormittag statt, so zieht sich das Fest bis in den späten Abend hinein – das heißt, Sie haben jede Menge Zeit für Spiele und andere Aktivitäten. Bei einer Trauung am späten Nachmittag bleibt dagegen nicht allzu viel Raum für diese Dinge. Eine Feier, bei der auf die

Schnelle ein Programmpunkt nach dem anderen abgehandelt wird, artet leicht in Stress aus, vor allem wenn dazwischen auch noch gegessen und getanzt werden soll. Beschränken Sie sich in einem solchen Fall lieber auf einige wenige Programmpunkte, die dann wenigstens echte Höhepunkte der Feier sind.

Ebenso gründlich sollten Sie die Örtlichkeiten des Hochzeitsfestes unter die Lupe nehmen und Ihre Aktivitäten darauf abstimmen. So lässt sich zum Beispiel eine Schatzsuche oder Schnitzeljagd mitten in der Stadt nur schwer durchführen, da die Gefahr viel zu groß ist, dass jemand anders den »Schatz« findet oder wertvolle Hinweise zerstört werden. Auch für sportliche Aktivitäten, wie zum Beispiel einen Achtkampf, brauchen Sie eine Grünfläche in der Nähe. Erkundigen Sie sich auch beim Restaurant, ob Ihnen ein Neben- oder Hinterzimmer zur Verfügung steht, in dem sich Requisiten und andere Utensilien für die Spiele und Einlagen aufbewahren lassen und das Sie auch als Umkleidezimmer nutzen können. So müssen Leinwände, Sportgeräte und Ähnliches nicht im Festsaal herumstehen – das sieht erstens nicht schön aus, und zweitens verrät es dem Brautpaar schon im Vorfeld, was da alles noch kommen mag.

Die Wünsche und Interessen des Brautpaars

Natürlich wollen sich auch die Gäste auf einer Hochzeitsfeier amüsieren und ihren Spaß haben, doch in erster Linie gehört dieser Tag dem Brautpaar. Deshalb sollten Sie bei der Planung des Festes unbedingt die Wünsche und Interessen der Brautleute berücksichtigen. Wenn diese nun einmal keine Spiele mögen, so sollten Sie sie damit auch nicht plagen. Schließlich wollen Sie ihnen ja nicht den Hochzeitstag verderben – ganz abgesehen davon, dass auch die Gäste nur wenig Spaß daran haben werden, wenn Sie einem Brautpaar zuschauen müssen, das nur widerwillig zum Spielen bereit ist. Vergewissern Sie sich also rechtzeitig mit einem Anruf beim Brautpaar, ob es mit Spielen und anderen Aktivitäten einverstanden ist. Wünscht sich das Brautpaar eine eher ruhige und besinnliche Feier, so sollten Sie dies respektieren – auch wenn Sie es selbst ganz anders machen würden.

Der richtige Zeitpunkt für Spiele

Ebenso wichtig wie die Frage, ob überhaupt gespielt werden soll, ist die, wann denn nun gespielt wird. Oft beschweren sich Gäste, dass genau dann ein Spiel auf dem Programm steht, wenn die Stimmung so richtig gut ist, und dass sie dadurch aus ihren Gesprächen herausgerissen werden. In einem solchen Fall werden die Spiele und andere Gestaltungselemente eher als lästig empfunden.
Informieren Sie die Gäste zu Beginn der Feier, dass das eine oder andere Spiel auf dem Programm steht – entweder indem Sie dies in der Hochzeitszeitung veröffentlichen oder es mündlich bekannt geben. So kann später niemand behaupten, er habe von nichts gewusst.
Ideal ist es, wenn das Organisationsteam im Vorfeld einen genauen Plan aufstellt und festlegt, welcher Programmpunkt wann an der Reihe ist. Achten Sie dabei auf Abwechslung und setzen Sie nicht alle Spiele und Einlagen hintereinander. Dazwischen sollten immer wieder andere Programmpunkte, wie zum Beispiel Kaffee und Kuchen, Tanz oder das Abendessen liegen. Diesen Plan können Sie dann zum Beispiel in der Hochzeitszeitung veröffentlichen. So wissen die Gäste, was auf sie zukommt, und können sich darauf einstellen – oder schnell auf die Toilette verschwinden, wenn sie keine Lust zum Spielen haben!
Wollen Sie ein Spiel an den Beginn des Festes stellen – zum Beispiel, um die Gäste miteinander bekannt zu machen –, so fangen Sie auch wirklich sofort damit an. Wenn erst einmal jeder auf seinem Platz sitzt und mit dem Nachbarn ins Ge-

spräch vertieft ist, ist es schwer, die Gäste wieder zum Aufstehen und Spielen zu bewegen.
Doch auch wenn Sie den perfekten Plan aufgestellt haben, kann es passieren, dass sich die Gäste gerade prächtig unterhalten, obwohl es doch jetzt 17 Uhr ist und eigentlich »Wer wird Millionär?« auf dem Programm steht. Bleiben Sie in solchen Momenten flexibel und warten Sie lieber noch ein bisschen, bis die Luft ein wenig aus der Feier heraus ist. Kündigen Sie Ihr Spiel dann so an, dass die Gäste neugierig werden: Sagen Sie nicht einfach »Lasst uns nun ein wenig spielen!«, sondern zum Beispiel: »Wer von uns träumt nicht heimlich davon, Millionär zu werden? Für einen von euch kann dieser Traum nun wahr werden. Hier ist die einmalige Chance, einen Millionengewinn einzustreichen. Nun brauchen wir nur noch vier Kandidaten. Wie sieht's aus, wer hat Lust?«
Selbst bei einem so verlockenden Angebot kann es jedoch passieren, dass manche Gäste partout nicht spielen wollen, auch wenn sie das aufgrund ihrer Position (Brautmutter oder Ähnliches) eigentlich tun sollten. Zwingen Sie in diesem Fall niemanden, denn schließlich soll ja der Spaß im Vordergrund stehen. Vielleicht braucht die betreffende Person ja einfach ein wenig länger, um aus ihrem Schneckenhaus herauszukommen, und beobachtet erst einmal lieber, bevor sie sich mitten ins Geschehen stürzt! Dann sollten Sie ihr diese Zeit auch geben.

2. KAPITEL
Reden für die Hochzeitsfeier

»Eine Rede halten? Um Gottes willen! Bloß ich nicht!« – So denken viele, wenn sie mit dieser ehrenhaften, doch nicht ganz einfachen Aufgabe betraut werden. Zu groß ist die Angst, im entscheidenden Moment ins Stocken zu geraten oder gar nicht erst zu wissen, was man überhaupt sagen soll. Dieses Kapitel zeigt Ihnen, wie auch Sie ein guter Redner werden können, und liefert Ihnen zugleich einige Textbausteine und Musterreden, sodass Ihr Beitrag zur Hochzeitsfeier bei allen Gästen garantiert in guter Erinnerung bleibt.

Vorbereitung und Gestaltung der Rede

Selbst wenn Sie zu den Menschen gehören, die aus dem hohlen Bauch heraus reden können und über viel Improvisationstalent verfügen, sollten Sie Ihre Hochzeitsrede zu Hause vorbereiten. Vielleicht stellt sich im entscheidenden Augenblick ja doch noch Nervosität ein, und Sie vergessen im Eifer des Gefechts, die Brauteltern zu begrüßen, oder wissen plötzlich nicht mehr, worauf Sie in Ihrer Ansprache eigentlich hinauswollten. Opfern Sie deshalb ein paar Stunden und bereiten Sie Ihre Hochzeitsrede vor, denn schließlich erwartet sich das Brautpaar etwas von Ihrer Rede – sonst hätte es Sie wohl kaum darum gebeten!

Bei einer Hochzeitsrede, die im privaten Rahmen vorgetragen wird, geht es nicht darum, Informationen zu vermitteln oder das Publikum von etwas zu überzeugen; sie soll vielmehr die Feier für das Brautpaar schöner machen und die Zuhörer in Feststimmung versetzen. Deshalb darf eine solche Rede nicht zu sachlich und nüchtern sein. Im Vordergrund stehen vielmehr persönliche Eindrücke, Gefühle und Empfindungen. Diesen obersten Grundsatz sollten Sie bei der Vorbereitung Ihrer Rede stets im Auge behalten.

Informationen sammeln

Wichtig ist in erster Linie, dass Sie ein Thema für Ihre Rede finden. Das kann zum Beispiel die Ehe im Wandel der Zeiten, die persönliche Liebesgeschichte des Brautpaars, die Bedeutung der Begriffe »Liebe« oder »Glück« oder auch berühmte Liebespaare der Geschichte sein. Prinzipiell gilt: je persönlicher die Rede, desto besser!

Wenn das Thema erst einmal feststeht, können Sie sich auf die Suche nach Material für Ihre Rede begeben. Verlieren Sie dabei aber das Thema nicht aus den Augen. Viele Menschen wissen erst nicht, was sie sagen sollen, und versuchen dann alles, was ihnen auch nur im Entferntesten zum Thema einfällt, in ihre Rede zu stopfen. Sortieren Sie unwichtige Informationen daher gleich von Anfang an aus, noch bevor Sie sich an die Gliederung machen.

Überladen Sie Ihre Rede nicht mit Informationen, damit sie nicht zu lang wird. Martin Luther hat die ideale Dauer einer Rede einmal folgendermaßen definiert: »Tritt frisch auf, tu's Maul auf, hör bald auf.« Eine Festrede sollte tatsächlich möglichst kurz sein; als Richtlinie für die Dauer gelten etwa drei bis fünf Minuten – alles, was darüber hinausgeht, wird schnell langweilig. Sie haben also gar keine Zeit, die kompletten Lebensgeschichten von Braut und Bräutigam aufzuführen – halten Sie sich dies vor Augen, wenn Sie Informationen für Ihre Rede sammeln.

Ordnen und gliedern

Wenn Sie genügend Material für Ihre Rede gefunden haben, müssen Sie all diese Informationen in einen Zusammenhang zueinander setzen. Sortieren Sie spätestens jetzt alles aus, was nicht unmittelbar mit Ihrem Thema zu tun hat, damit Ihre Ansprache eine klare Linie bekommt. Versuchen Sie dann, die restlichen Punkte in eine sinnvolle Ordnung zu bringen.
Behalten Sie bei der Ausarbeitung Ihrer Rede immer auch Ihr Publikum im Auge. Bei einer Hochzeit sind Menschen aus allen Generationen, vom Säugling bis zur Urgroßmutter, versammelt – und alle wollen etwas von Ihrer Rede haben! Auch das Bildungsniveau der Gäste kann sehr unterschiedlich sein; achten Sie daher darauf, dass Ihre Rede auch allgemein verständlich ist.
Eine Rede besteht in der Regel aus drei Teilen: dem Anfang, dem Hauptteil und dem Abschluss. Bei einer Hochzeitsrede machen den Anfang die Begrüßung des Brautpaars und der übrigen Gäste sowie eine kurze Einleitung zum Thema der Rede, zum Beispiel ein Zitat. Im Hauptteil wird dieses Thema dann ausführlich behandelt und am Ende noch einmal zusammengefasst. Auch gute Wünsche für die Zukunft des Brautpaars oder ein Toast gehören fest zum Abschluss der Rede.

Formulierung

Egal, ob Sie die Rede später frei halten oder vom Blatt ablesen werden – Sie sollten sie stets gründlich formulieren, um auf jeden Fall die passenden Worte zu finden.
Ein mündlich vorgetragener Text muss immer anders formuliert werden als ein Text, der zum Lesen bestimmt ist. Die Sätze – oder zumindest die Sinn stiftenden Einheiten – dürfen in einer Rede nicht zu lang sein, denn anders als ein Leser hat ein Zuhörer nicht die Möglichkeit, im Text noch einmal zurückzuspringen, wenn er etwas nicht richtig verstanden hat. Ein Satz mit etlichen ineinander verschachtelten Nebensätzen ist daher für ein Redepublikum fast nicht mehr verständlich.

Am besten verpacken Sie die Inhalte so, dass sie in Hauptsätzen nebeneinander stehen und trotzdem noch einen Bezug zueinander haben.

Tipp: Sprechen Sie sich jeden Satz laut vor, bevor Sie ihn zu Papier bringen. Erst wenn er in Ihren Ohren wirklich gut klingt und Sie ihn problemlos aussprechen und richtig betonen können, sollten Sie ihn auch niederschreiben. Sprechen Sie auch das Brautpaar und die Gäste hin und wieder persönlich an, denn so beziehen Sie Ihr Publikum in die Rede ein und vermitteln menschliche Wärme. Sätze wie »Sie wissen sicher alle ...« oder »Sie werden mir sicher Recht geben, wenn ich sage, dass ...« stellen eine Beziehung zwischen Ihnen und Ihren Zuhörern her und lassen die Ansprache gleich viel persönlicher wirken.

Lernen und Einprägen

Grundsätzlich sollten Sie sich bemühen, Ihre Rede so gut wie möglich auswendig zu lernen. Sie müssen sich dabei nicht Wort für Wort und Satz für Satz einprägen, sondern vielmehr das Ideengerüst oder die Gliederung, die Sie bei der Formulierung Ihrer Ansprache ausgearbeitet haben. An dieser Gliederung können Sie sich dann entlanghangeln und das Gerüst mit Worten füllen.
Lesen Sie zunächst die Rede einige Male laut vom Blatt ab. So bekommen Sie ein Gefühl für die richtige Betonung und die Stellen, an denen Sie Pausen einlegen wollen – entweder weil Sie Luft holen müssen oder weil Sie Ihrem Publikum Zeit zum Lachen oder Nachdenken geben wollen. Worte, die Sie betonen wollen, dürfen Sie im Manuskript ruhig gesondert hervorheben, zum Beispiel indem Sie sie in Großbuchstaben schreiben oder mit Textmarker farbig kennzeichnen.
Wenn Sie die Rede einigermaßen auswendig können oder zumindest nicht mehr jedes einzelne Wort in Ihrem Manuskript nachschlagen müssen, sollten Sie einige Probeläufe absolvie-

ren. Stellen Sie sich dabei ruhig vor einen großen Spiegel, denn so können Sie auch auf Ihre Körpersprache achten.

Tipp: Wenn Sie mit Ihrer Rede zufrieden sind, kommt die Feuerprobe. Lesen Sie die Ansprache einem guten (und vor allem ehrlichen) Freund vor und fragen Sie ihn nach seiner Meinung.

Der Vortrag

Die Entscheidung, ob Sie Ihre Rede frei halten oder weitgehend vom Blatt ablesen wollen, liegt natürlich ganz bei Ihnen. Hier wird eine Rolle spielen, wie gut Sie sich auf Ihren Vortrag vorbereitet haben und wie geübt Sie im Reden sind.
Am besten wirkt eine Rede natürlich, wenn sie frei vorgetragen wird. Zudem hat dies den Vorteil, dass Sie die Reaktionen Ihrer Zuhörer sofort wahrnehmen und darauf reagieren können. Deshalb sollten Sie bei der freien Rede immer Blickkontakt zum Publikum, ganz besonders zum Brautpaar, halten und Ihre Augen schweifen lassen. Sie müssen dabei jedoch keineswegs auf jegliche Hilfsmittel verzichten: Notieren Sie sich einige wichtige Stichworte in großer Schrift auf Karteikarten oder ein Blatt Papier und »arbeiten« Sie sich an dieser Gliederung entlang durch die Rede.
Doch auch gegen das Ablesen einer Rede spricht nichts, wenn Sie ein paar Punkte beachten. Starren Sie nicht die ganze Zeit über auf Ihr Blatt, sondern beobachten Sie die Zuhörer, so gut es geht. Hier hilft eine gründliche Vorbereitung: Wenn Sie Ihre Rede so gut wie auswendig können, wird es Ihnen leichter fallen, Ihren Blick ab und zu vom Manuskript zu heben und einen Satz frei zu Ende zu sprechen. Achten Sie beim Ablesen ganz besonders darauf, dass Sie nicht zu schnell sprechen, denn gerade dann geht einem schnell die Zunge durch. Markieren Sie Wörter, die Sie betonen wollen, farbig und vermerken Sie Stellen, an denen Sie Pausen einlegen wollen, im Manuskript. So wirkt Ihr Vortrag lebhafter und nicht einstudiert.

Checkliste:
Zehn goldene Regeln für eine erfolgreiche Rede

1. Bereiten Sie Ihre Rede gründlich vor.
2. Eine gute Rede braucht ein gutes Thema.
3. Gliedern Sie Ihre Rede in drei Teile: Einleitung, Hauptteil und Schluss.
4. Suchen Sie einen Einstieg, der die Zuhörer fesselt.
5. Verzichten Sie möglichst auf Fremdwörter.
6. In der Kürze liegt die Würze.
7. Bleiben Sie Sie selbst.
8. Sprechen Sie langsam und deutlich.
9. Halten Sie Blickkontakt mit Ihrem Publikum.
10. Beenden Sie Ihre Rede mit einen originellen Schluss.

Inhaltliche Elemente

Natürlich sollte eine Hochzeitsrede immer individuell auf das jeweilige Brautpaar zugeschnitten werden, doch gibt es einige typische Bestandteile, etwa die Begrüßung, die bei keiner Ansprache fehlen dürfen. Auch für den Hauptteil gilt es einige inhaltliche Elemente zu berücksichtigen, mit deren Hilfe Sie eine Rede persönlich anlegen können. In den folgenden Abschnitten finden Sie Beispiele, wie sich diese Elemente gestalten lassen.

Begrüßung

Am Beginn einer jeden Rede – egal, ob offiziell oder privat – steht die Begrüßung der Zuhörer. Doch wie gestaltet man diese am sinnvollsten? »Liebes Brautpaar, liebe Eltern der Brautleute, sehr geehrte Verwandtschaft, liebe Freunde, Bekannte und Kollegen ...« – und schon schlummert Ihr Publikum selig vor sich hin, denn eine solche Begrüßung ist einfach zu lang! Überlegen Sie sich bei der Vorbereitung, an wen Sie Ihre Rede richten wollen. In allen Fällen wird das wohl das Brautpaar sein. Diese beiden Menschen sprechen Sie dann gezielt an, für den Rest reicht »Liebe Gäste«. Außerdem hat eine möglichst knappe Begrüßung noch einen weiteren Vorteil: Sie laufen nicht Gefahr, in der Aufregung einen wichtigen Menschen zu vergessen!

Beispiele für eine gelungene Begrüßung

- Liebe Petra, lieber Klaus, ...
- Liebes Brautpaar, liebe Petra, lieber Klaus, ...
- Liebe Petra, lieber Klaus, liebe Hochzeitsgäste, ...
- Liebe Petra, lieber Klaus, liebe Freunde und Verwandte, ...
- Liebe Petra, lieber Klaus, liebe Bekannte und Unbekannte, ...
- Liebe Petra, lieber Klaus, liebe alte und neue Verwandte, ...
- Liebe Schwester, lieber Klaus, liebe Gäste, ...
- Liebe Petra, lieber kleiner Bruder, liebe Hochzeitsgäste, ...

Einleitung

Nach der Begrüßung folgt die eigentliche Einleitung Ihrer Rede. Sie spielt eine entscheidende Rolle für den Erfolg der Ansprache, denn sie soll vor allem die Aufmerksamkeit Ihrer Zuhörer fesseln und kurz und schnörkellos zum Thema Ihrer Rede hinführen. Sätze wie »Ich möchte auch noch etwas sagen« oder »Auch ich habe etwas zur Hochzeit von Petra und Klaus beizutragen« mögen zwar der Wahrheit entsprechen, eignen sich jedoch wenig dazu, das Publikum in Ihren Bann zu ziehen. Versuchen Sie stattdessen lieber, mit einem originellen Einstieg die Aufmerksamkeit der Hochzeitsgäste zu gewinnen. Dazu stehen Ihnen eine Reihe von Möglichkeiten offen:

- Zitate, zum Beispiel zu den Themen Liebe oder Ehe, mit denen Sie sich dann im Hauptteil Ihrer Rede ausführlich beschäftigen.
- Witze: Damit bringen Sie das Publikum zum Lachen und ziehen es schon einmal auf Ihre Seite, legen aber auch den Ton für Ihre restliche Rede fest. Vorsicht: keine verletzenden oder zweideutigen Witze!
- Anekdoten aus dem Leben des Brautpaars
- Entgegnung auf den Vorredner

Hauptteil

Im Hauptteil Ihrer Rede beschäftigen Sie sich mit dem eigentlichen Thema Ihrer Ansprache. Im Idealfall haben Sie auf dieses Thema schon mit Ihrer Einleitung hingeführt. Ist im Einstieg ein Stichwort gefallen, das für den weiteren Verlauf Ihrer Rede von Bedeutung ist, so greifen Sie dieses Wort nun wieder auf und vertiefen Sie Ihre Ausführungen dazu. Auch auf Ihre eigenen Gefühle sollten Sie im Laufe des Hauptteils immer wieder eingehen.
In einer persönlichen Rede können folgende Elemente auftauchen:
- Ihre eigene Beziehung zum Brautpaar
- die Jugend der Braut oder des Bräutigams
- gemeinsame Erlebnisse mit dem Brautpaar: Wann wurde Ihnen klar, dass sich hier zwei Menschen gesucht und gefunden haben?
- der Tag des Kennenlernens: Was hat sich an diesem Tag noch ereignet? Waren Sie vielleicht sogar dabei?
- der Beruf der Braut oder des Bräutigams: Vielleicht hat sich die reiselustige Petra ja passenderweise in einen Piloten verguckt? Oder der Gesundheitsfanatiker Klaus hat sich zur Vorbeugung eine Krankenschwester ausgesucht?

Achten Sie auch darauf, dass Sie in Ihrer Rede Braut und Bräutigam in etwa den gleichen Platz einräumen. Das wird

Ihnen vermutlich nicht leicht fallen, denn naturgemäß werden Sie einen der beiden besser kennen. Fragen Sie in diesem Fall bei Verwandten und Freunden des »unbekannteren« Partners nach. Sie werden Ihre Wissenslücken sicher gern füllen.

Auch einen Blick in die Zukunft dürfen Sie im Hauptteil Ihrer Rede wagen: Bauen Sie ihn nach der Formel VGZ (Vergangenheit, Gegenwart, Zukunft) auf. Die Vergangenheit ist dabei die Zeit, bevor sich die Brautleute kennen gelernt haben, die Gegenwart ihre Zeit als frisch verliebtes Paar und der Tag der Eheschließung, die Zukunft alles, was von diesem Tage an geschieht. Hier ist es natürlich praktisch, wenn Sie etwas über die Pläne des Brautpaars wissen. Ist Nachwuchs geplant oder etwa bereits unterwegs? Will das Paar ein Haus kaufen oder bauen? Stehen berufliche Veränderungen an oder möchte das Brautpaar gemeinsam eine Zeit lang ins Ausland gehen? Je mehr Sie über die Zukunftspläne des Paares wissen, umso besser! Am Ende Ihrer Rede sollten Sie dann natürlich zusammen mit den anderen Gästen auf diese Zukunft anstoßen, auf dass sie so glücklich wie nur möglich werden möge.

Abschluss

Eigentlich sollte der Schluss einer Rede nicht schwer sein – so möchte man meinen. Doch leider merkt man vielen Rednern allzu deutlich an, dass sie froh sind, es nun endlich hinter sich gebracht zu haben. Wendungen wie »Und das war's dann« oder »Mehr habe ich nicht zu sagen« stehen dann am Ende einer Rede – doch ist das nicht besonders schön.

Es stimmt zwar, dass eine Ansprache einen eindeutigen Abschluss haben sollte, damit das Publikum nicht unschlüssig ist, ob sie nicht vielleicht doch noch weiter geht – aber Sie können das sicherlich besser, oder? Für einen gelungenen Abschluss gibt es mehrere Möglichkeiten:

- *Fazit:* Ein schöner Abschluss einer Rede ist immer eine Schlussfolgerung oder ein Fazit, das Sie aus den Ausführungen des Hauptteils Ihrer Rede ziehen. Bringen Sie Ihre

Ansprache auf den Punkt und enden Sie kurz und bündig mit einer knappen Zusammenfassung. Sehr schön eignet sich hier auch ein passendes Zitat.
- *Toast:* Gern endet eine Hochzeitsrede auch mit einem Toast, bei dem die Anwesenden ihre Gläser erheben und auf das Brautpaar anstoßen. Wenn bereits einige Redner vor Ihnen ihre Ansprachen mit einem Toast beendet haben, sollten Sie ein wenig Flexibilität an den Tag legen und Ihren Abschluss variieren. Schließlich sind Sie auf einer Hochzeit und nicht bei einem Trinkspiel!
- *Wünsche für die Zukunft:* Ein beliebter Abschluss für eine Rede ist eine Gratulation, verbunden mit guten Wünschen für die Zukunft des Brautpaars. Stimmen Sie den Ton Ihres Abschlusses immer auf den Ton Ihrer gesamten Rede ab. War die Rede insgesamt eher heiter, so wirkt ein sehr feierlicher Abschluss nun fehl am Platz. Ebenso aus der Reihe fällt ein Witz am Ende einer förmlichen Rede.

Beispiele für Wünsche für die Zukunft

- An diesem besonderen Tag in eurem Leben kann ich euch nur eines mit auf den Weg geben: Bleibt immer so glücklich wie heute!
- Dass Petra und Klaus heute glücklich sind, das wissen wir. Möge es auch in Zukunft so bleiben!
- Nun seid ihr also in den Hafen der Ehe eingelaufen, und die stürmischen Zeiten sind vorüber. Ich wünsche euch alles Glück dieser Welt!
- So bleibt mir am Ende nur noch eines: Ich wünsche euch, dass alle eure Träume wahr werden. Auf Petra und Klaus!

Musterreden und Textbausteine

Im Folgenden finden Sie nun einige Musterreden für verschiedene Sprecher. Betrachten Sie diese als Anregungen, als Ideensammlungen, mit denen Sie frei umgehen und die Sie auch verändern dürfen. Damit sich die Texte leichter lesen lassen, habe ich den Brautleuten Namen gegeben – vergessen Sie nicht, diese durch die Namen »Ihres« Brautpaars zu ersetzen! Auch bei den Sprechern müssen Sie variieren: Die Rede der Schwester des Bräutigams können natürlich ebenso gut sein Bruder oder Geschwister der Braut halten. Es sind in diesem Fall lediglich ein paar leichte Abänderungen vorzunehmen. Picken Sie sich aus den Musterreden die Stellen heraus, die Ihnen gefallen. Sie können um diese Stellen auch Ihre eigene Rede herumschreiben oder Teile verschiedener Reden kombinieren. Und dann müssen Sie Ihre Rede nur noch halten!

Rede eines Trauzeugen

Liebe Christina, lieber Fabian,
liebe Bekannte und Unbekannte,
als Fabians bester Freund war ich sehr verwundert, als Fabian mich bat, sein Trauzeuge zu werden. Nicht, weil ich überrascht war, dass ich Fabian so wichtig bin. Sondern weil Fabian bis dahin der schlimmste Heiratsgegner war, dem ich je begegnet bin. Wurde nur das Wort »Hochzeit« erwähnt, verzog er schon das Gesicht. Und jetzt sitzen wir heute alle hier beisammen und feiern seine Hochzeit!
Was war also passiert? Den Grund für Fabians plötzlichen Sinneswandel kann ich mit einem Wort zusammenfassen: Christina. Wollte ich jetzt böse sein, so könnte ich sagen, Christina hat meinen besten Freund verhext. Er ist nicht mehr so, wie ich ihn kenne. Doch genau das Gegenteil ist der Fall: Fabian ist jetzt so, wie er eigentlich schon immer war. Er hatte sich nur lange hinter einer coolen Fassade versteckt. Christina hat ihn dazu gebracht, diese zynische Hülle abzustreifen. Sie

schaffte es, den liebevollen und empfindsamen Menschen, der darunter verborgen lag, hervorzuholen. Und ist uns dieser Fabian nicht allen viel lieber? Christina war also die gute Fee, die den Zauber von dem hässlichen Frosch nahm, sodass der verwunschene Prinz wieder zum Vorschein kam.
Dabei nahm es gar keinen guten Anfang mit den beiden. Ich erinnere mich noch ganz genau. Im Winter 1999 wollte ich mit einer Gruppe von Freunden ein Wochenende auf einer Skihütte verbringen. Ganz klar, dass auch Fabian dabei sein sollte. Zwar ohne weibliche Begleitung, doch wie ich ihn kannte, würde das nicht lange so bleiben. Denn kaum ein weibliches Wesen war damals vor ihm sicher. Auch Christina war mit von der Partie, eine Kollegin meiner Freundin Silke. Christina hatte sich gerade von ihrem Freund getrennt. Silke war sich gar nicht so sicher, ob sie in unserer Clique richtig aufgehoben war: »Und der einzige Single-Mann ist Fabian! Am Schluss denken die beiden noch, dass wir sie verkuppeln wollen! Die passen doch gar nicht zusammen!« Das waren ihre Bedenken.
Und sie hatte nicht ganz Unrecht: Christina und Fabian hassten sich auf den ersten Blick. Wie immer schaute Fabian jedem vorbeirauschenden Skihaserl nach. Christina brachte das auf die Palme, oder in diesem Fall auf die Latschenkiefer. Sie regte sich furchtbar über den Macho Fabian auf. Am Abend kam es dann auch zum großen Krach: Die beiden schrien sich an, die Türen knallten zu, und den Rest des Wochenendes über herrschte eisige Stimmung. Und zwar nicht nur im glitzernden Schnee auf dem Skihang. »Na toll«, dachten wir uns, »jetzt haben es die beiden Streithähne geschafft, uns den ganzen Skiausflug zu verderben.«
Der Name Christina fiel zwischen mir und Fabian von diesem Tag an nicht mehr. Doch nach ein paar Wochen ging auf einmal eine merkwürdige Veränderung mit Fabian vor. Plötzlich hatte er kaum mehr Zeit für seinen besten Freund. Einmal ertappte ich ihn sogar, wie er gerade ein Blumengeschäft verließ. Schnell schlich er sich davon, doch der riesige Strauß roter

Rosen war mir nicht entgangen. »Fabian wird doch wohl nicht eine ernsthafte Beziehung haben?«, dachte ich. »Unmöglich!« Irgendwann musste ich ihn einfach darauf ansprechen. Und was machte er? Er druckste herum und gab dann doch zu, dass es da tatsächlich jemanden gebe. Und richtig rot wurde er auch noch! Wer es denn sei? Darauf gab es erst einmal keine Antwort. Einen Monat lang spannte er mich noch auf die Folter, doch dann konnte er es nicht länger für sich behalten. Ich hatte nämlich Geburtstag und forderte Fabian auf, mit Begleitung zur Party zu kommen. Und fiel dann beinahe in Ohnmacht, als ich die Wohnungstür öffnete und Fabian und Christina erblickte!
Was in Gottes Namen war passiert? Nun, einige Wochen nach dem verunglückten Skiurlaub waren sich die beiden zufällig im Supermarkt wieder begegnet. Fabian entschuldigte sich für sein unmögliches Benehmen und lud Christina zur Wiedergutmachung auf eine Tasse Kaffee ein. Und dabei stellten die beiden dann fest, dass sie sich doch nicht so unsympathisch waren. Wie es halt im Leben so geht: Eines kam zum anderen, und nun sind wir alle hier versammelt und feiern die Hochzeit von Christina und Fabian.
Was lernen wir also aus dieser langen Geschichte? Erstens: Das Skiwochenende war doch nicht für alle Teilnehmer im Eimer. Ganz im Gegenteil: Für Fabian und Christina war es der Start in ein neues Leben, auch wenn sie das damals ganz bestimmt nicht geglaubt hätten. Zweitens: Es gibt auch Liebe auf den zweiten Blick. Ihr beide, liebe Christina und lieber Fabian, seid das beste Beispiel dafür, dass es sich lohnen kann, einem Menschen eine zweite Chance zu geben. Und drittens: Fabian ist von seiner Hochzeitsphobie geheilt. Er hat endlich gelernt, dass es wahre Liebe gibt und dass zwei Menschen füreinander bestimmt sein können. Und das hat er nur dir zu verdanken, liebe Christina!
Als euer Trauzeuge wünsche ich euch nun alles Gute für eure gemeinsame Zukunft. Ihr habt euch bereits bei eurer ersten Begegnung von eurer schlimmsten Seite kennen gelernt und

im Laufe der Zeit eure guten Seiten entdeckt. Wir alle hoffen, dass die schlechten Seiten im Schnee des Zillertals verschüttet wurden und dort auch für immer liegen bleiben. Erheben wir nun die Gläser auf das Brautpaar. Ein Hoch auf Christina und Fabian!

Der Bruder spricht bei der Hochzeit der Schwester

Liebe Susi, lieber Stefan, liebe Hochzeitsgäste,
vor rund sechs Monaten ließen meine kleine Schwester Susi und ihr Freund Stefan die Bombe platzen: Sie wollten heiraten! Ich als Susis großer Bruder konnte da nur schockiert sein: Schließlich bin ich zwei Jahre älter als Susi und war in allem immer mit gutem Beispiel vorangegangen. Ich verlor zuerst einen Zahn, ich kam als Erster in die Schule, und ich durfte als Erster in die Disco. Natürlich machte ich auch als Erster den Führerschein und das Abitur und zog auch als Erster von zu Hause aus. Für Susi war das praktisch: Sie ließ sich von mir bei den Hausaufgaben helfen, in die Disco schmuggeln und zu ihren Freundinnen fahren. Und auch sonst kam sie gern mit ihren Problemen zu mir: »Warum seid ihr Jungs bloß so?« Das musste ich mir mehr als einmal anhören.
Und jetzt heiratet Susi also! Und zwar als Erste! Vor mir! Zum ersten Mal bin ich ihr nicht voraus und kann ihr nicht mit Rat und Tat zur Seite stehen. Und noch schlimmer ist: Sie braucht meinen Rat anscheinend gar nicht mehr! Für Stefan hat sie sich jedenfalls ganz allein entschieden. Und liegt damit auch genau richtig.
Plötzlich war ich derjenige, der neugierig war und die kleine Schwester mit Fragen löcherte: »Woran hast du denn gemerkt, dass Stefan der Richtige ist?«, habe ich sie gefragt. Susi hat darauf kurz und knapp geantwortet: »Ich wusste es einfach!« Da kann ich meiner kleinen Schwester nur Recht geben. Jeder, der Susi und Stefan anschaut, weiß einfach, dass diese beiden zusammengehören. Dass sich hier zwei Menschen gesucht und gefunden haben, wie es so schön heißt. Susi und Stefan sind

entschlossen, sich durch nichts und niemanden mehr trennen zu lassen. Darüber wollen wir uns heute alle mit ihnen freuen! Natürlich könnte ich Stefan jetzt einige Kleinigkeiten über seine Braut verraten, die ihn vielleicht überraschen würden. Zum Beispiel, dass er keineswegs der erste Mann ist, den Susi heiraten wollte. Denn nur weil der »Geißenpeter« eine Zeichentrickfigur war, durfte Stefan heute neben Susi vor dem Traualtar stehen. Oder dass Susi an ihrem 16. Geburtstag keineswegs bei ihrer Freundin Katja übernachtet hat, wie unsere Eltern glaubten. In Wahrheit zog sie mit mir und meinen Freunden bis vier Uhr morgens durch das Stuttgarter Nachtleben. Ob sie dabei auch etwas getrunken hat? Das musst du sie schon selber fragen, lieber Stefan! Doch vermutlich weißt du all das schon längst. Denn wer einmal Susis Herz gewonnen hat, kennt bald all ihre Geheimnisse.
Diese Offenheit macht dich zu dem wundervollen Menschen, der du bist, liebes Schwesterchen. Doch sie macht dich auch verletzlich. Als du noch klein warst, habe ich immer all die bösen Jungs versohlt, die dich geärgert haben. Meiner Schwester durfte eben niemand etwas zu Leide tun! Dich, lieber Stefan, muss ich hoffentlich nie versohlen – und ich hoffe das nicht nur, weil du einen halben Kopf größer bist als ich. Ich hoffe das vor allem deshalb, weil ich meine kleine Schwester auch heute noch vor jedem Kummer beschützen möchte. Doch mittlerweile kenne ich dich gut. Ich weiß, dass ich sie vor dir ganz bestimmt nicht zu schützen brauche. Stattdessen übertrage ich nun dir diese ehrenvolle Aufgabe: Pass gut auf meine Schwester auf!
Und wenn Susi heute doch noch einmal ihren großen Bruder um Rat fragen sollte? Dann würde ich ihr vor allem eines mit auf den Weg geben: Vergiss nie, warum du Stefan geheiratet hast – aus Liebe! Daran solltet ihr beide immer denken. Vielleicht verliert ihr diese Liebe im Laufe der Jahre einmal aus den Augen oder sie geht im hektischen Alltagsleben beinahe unter. Dann müsst ihr nur ganz genau hinsehen und sie eben wieder finden.

Und vielleicht suche in ein paar Jahren ja auch ich einmal den Rat meiner großen kleinen Schwester. Vielleicht stehe ich dann vor ihr wie ein kleiner Junge und frage: »Wie merkt man, ob man jemanden heiraten will?« Und vielleicht hält Susi ja dann einmal eine Rede auf meiner Hochzeit!
Liebe Susi, lieber Stefan, ich wünsche euch von Herzen alles Gute auf eurem Weg in eine gemeinsame Zukunft. Ich wünsche euch, dass ihr immer so glücklich seid wie heute! Ich wünsche euch, dass alle eure Wünsche in Erfüllung gehen! Ich wünsche euch alles Glück dieser Welt!

Eine Schwester des Bräutigams spricht

Liebe Sandra, lieber Michael, liebe Hochzeitsgäste,
heute ist es also geschehen: Mein großer Bruder Michael hat seine Sandra vor den Traualtar geführt. Dazu ist im Laufe des heutigen Tages ja schon einiges gesagt worden. Sandras Vater hat über den Wandel der Ehe im Laufe der Zeiten philosophiert, und unsere Mutter hat dem frisch gebackenen Ehepaar ein paar weise Ratschläge mit auf den Weg in die gemeinsame Zukunft gegeben. Aber wussten Sie, dass selbst unser Dichterfürst Johann Wolfgang von Goethe etwas zur Eheschließung von Sandra und Michael zu sagen hatte? Der weise Geheimrat sprach nämlich einmal: »In der Komödie sehen wir eine Heirat als das letzte Ziel eines durch die Hindernisse mehrerer Akte verschobenen Wunsches, und im Augenblick, da es erreicht ist, fällt der Vorhang, und die momentane Befriedigung klingt bei uns nach. In der Welt ist es anders; da wird hinten immer fortgespielt, und wenn der Vorhang wieder aufgeht, mag man gern nichts weiter davon sehen noch hören.«
So wie Goethe es für die Komödie seiner Zeit beschrieb, erleben wir es heute immer wieder im Kino. Nach etlichen Hindernissen und Verwirrungen »kriegen sich« die beiden Hauptdarsteller endlich. Höhepunkt – und gleichzeitig Schlusspunkt – des Filmes ist der lang herbeigesehnte Kuss. Wenn der Film Überlänge hat, bekommen wir vielleicht noch eine Hochzeit zu

sehen. Doch spätestens dann läuft der Abspann, und die Lichter im Saal gehen wieder an. Und das Publikum verlässt glücklich und zufrieden das Kino.

Im Film ist eine Hochzeit das Ende: das berühmte Happyend. Doch im wirklichen Leben ist das anders. Hier ist eine Hochzeit immer auch ein Anfang, der Start in eine gemeinsame Zukunft. Die Beziehung ist nicht mehr nur ein Provisorium, das man jederzeit wieder auflösen kann, sondern ihr beide, liebe Sandra und lieber Michael, habt euch entschlossen, für immer zusammen zu bleiben. Am Anfang eurer Partnerschaft standen noch Fragen wie »Lieben wir uns auch wirklich?« oder »Ist das auch der richtige Partner für mich?« im Mittelpunkt. Nun kennt ihr die Antwort und habt sie heute auch vor allen Gästen mit einem einzigen Wort bekräftigt: »Ja.«

Dafür werden nun andere Fragen und Probleme auf euch zukommen. Ihr müsst darauf achten, dass die Routine und die Gewohnheit des Ehealltags eure Liebe nicht auffressen. Und ihr müsst euch bewusst sein, dass jede Entscheidung, die ihr von nun an trefft, nicht mehr nur einen von euch betrifft. Doch dafür bekommt ihr auch sehr viel geschenkt: Ihr habt versprochen, in guten wie in schlechten Zeiten zueinander zu halten und füreinander da zu sein. Ein Partner, der zu einem steht und immer für einen da ist, ist ein wertvolles Geschenk, das ihr nie für selbstverständlich halten dürft. Und ihr wisst nun auch, dass es da jemanden gibt, der euch so sehr liebt, dass er sein ganzes Leben mit euch verbringen will: Auch dies ist ein Geschenk, das ihr nicht ausschlagen dürft. Anders als im Film ist eine Hochzeit im wahren Leben eben ganz und gar kein Schlusspunkt, sondern Ausgangspunkt für viele wunderschöne gemeinsame Erfahrungen.

Doch wie in Goethes Komödie oder in einer modernen Liebesschnulze musstet auch ihr einige Hindernisse im Laufe eurer Beziehung überwinden. Da war zuerst einmal die Fernbeziehung, die ihr zunächst noch geführt habt. Von Hamburg nach München ist es nun mal kein Katzensprung. Anfangs war es gewiss nicht einfach, sich unter diesen Bedingungen richtig kennen zu lernen. Doch hattet ihr das Glück, die Wochenenden ganz für euch reservieren zu können. So konntet ihr die wenige Zeit ganz intensiv miteinander verbringen. Schnell war es euch klar, liebe Sandra und lieber Michael, dass eure Beziehung etwas besonders Wertvolles war. Die ganzen Strapazen waren es wert. Und als Sandra dann endlich nach München zog, waren wohl nur zwei darüber traurig: die Telekom und die Deutsche Bahn. Sie müssen nun nämlich erhebliche Umsatzeinbußen verkraften.

Doch auch als Sandra in München angekommen war, war nicht plötzlich alles eitel Sonnenschein. Ihr neuer Job hielt nicht das, was er versprochen hatte, und auch ihre Hamburger Freunde fehlten ihr sehr. Kein Wunder, dass sie manchmal das Gefühl hatte, für Michael ihr ganzes Leben aufgegeben zu haben! Michael stand ihr in diesen schwierigen Tagen mit viel Verständnis bei, und gemeinsam erkannten sie, dass es sich lohnte, für ihre Beziehung zu kämpfen. Sandra fand bald einen besseren Job und neue Freunde. Und wenn mich nicht alles täuscht, schleicht sich bereits ab und zu der Hauch eines bayerischen Akzents in ihre hanseatische Ausdrucksweise ein!

In einem Punkt muss ich dem Dichterfürsten allerdings ganz erheblich widersprechen. Goethe meinte: »Wenn der Vorhang wieder aufgeht, mag man gern nichts weiter [von der Ehe] sehen noch hören.« Das stimmt ganz und gar nicht. Ihr beide seid zwar jetzt verheiratet, doch möchte ich euch trotzdem weiterhin gern sehen und von euch hören. Ich will wissen, wie eure Geschichte weitergeht. Ich will sehen, wie aus dem Happyend ein Happystart in eine glückliche Zukunft wird. Und ich will hören, wie eines Tages statt Madonna oder Robbie Williams Babygeschrei durch eure Wohnung schallt.

Liebe Sandra, lieber Michael, ich wünsche auch ganz viel Glück für eure Zukunft. Darauf wollen wir nun alle unsere Gläser erheben und anstoßen. Auf die Ehe von Sandra und Michael!

Die beste Freundin der Braut spricht

Liebe Nina, lieber Tobias, liebe Bekannte und Unbekannte,
Nina und ich kennen uns schon aus dem Sandkasten, und im Laufe aller seither vergangenen Jahre hat mir meine beste Freundin schon den einen oder anderen potenziellen Ehemann vorgestellt. Der erste war Captain Future. Dieser Mann war groß, stark und intelligent und konnte sich aus jeder noch so ausweglosen Situation befreien. Leider war Captain Future der Held einer Zeichentrickserie und stand somit leider nicht zur Verfügung. Der nächste war Andi aus der Parallelklasse, der den Zauberwürfel in drei Minuten perfekt zusammensetzen konnte. Und auch Andi hätte Nina wohl sofort geheiratet – wenn, ja wenn man mit zehn Jahren schon heiraten dürfte.
Im Nachhinein war es jedoch ganz gut, dass die beiden damals nicht geheiratet haben, denn nicht viel später legte sich Andi ein BMX-Rad zu und fand alle Mädchen »doof«. Auch Nina. Und so fanden eben auch wir fortan alle Jungs doof, die realen jedenfalls. Stattdessen träumten wir lieber davon, dass Ritter auf weißen Pferden um hübsche Prinzessinnen – also um uns – kämpften. Natürlich wollten wir nur die allerbesten und allerschönsten Bewerber erhören. Unglaublich stark und tapfer mussten sie sein und uns gegen alle feindlichen Angriffe – in erster Linie von Seiten der Lehrer – verteidigen. Gedichte sollten sie rezitieren, uns auf Händen tragen und auf Rosen betten. Mit ihrem edlen Ritter wollte Nina dann auf einem Märchenschloss leben, natürlich mit einer ganzen Schar blond gelockter Kinder. Und wenn sie nicht gestorben sind, so leben sie noch heute ... Vorsorglich nahm Nina sogar schon einmal Reitstunden, damit sie später mit ihrem Auserwählten in den Sonnenuntergang traben konnte. Und außerdem konnte man ja nie wissen, ob sich der Stallbursche nicht vielleicht als verkleideter Prinz entpuppen würde ... Dass Nina auch heute noch eine begeisterte Reiterin ist, würde mir da schon etwas zu denken geben, lieber Tobias. Aber zu dir kommen wir später!
Auf diesen imaginären edlen Ritter folgten dann in mehr oder weniger regelmäßigem Wechsel allerlei süße Jungs aus den

oberen Klassen, aus der Tanzstunde, Tom Cruise, der gut aussehende Englischlehrer oder Brad Pitt. Alles ideale Heiratskandidaten – doch hatten sie leider auch eines gemeinsam: Sie waren unerreichbar oder wollten zumindest nichts von Nina wissen. Natürlich gab es zwischendurch auch den einen oder anderen realen Mann in Ninas Leben. Doch mit diesen Exemplaren verhielt es sich genau umgekehrt wie mit dem Froschkönig aus dem Märchen: Nina küsste einen vermeintlichen Prinzen, und der verwandelte sich prompt in einen hässlichen Frosch.
Bis dann Tobias kam. Nicht auf einem weißen Pferd, sondern ganz normal zur Tür herein, auf der Geburtstagsparty einer gemeinsamen Bekannten. Auch nicht in einer glänzenden Rüstung, sondern ganz banal in Jeans und T-Shirt. Tobias rezitierte auch keine Gedichte, um Ninas Gunst zu gewinnen, sondern schüttete ihr ganz profan ein Glas Sekt über die Bluse. Und was machte meine sonst so temperamentvolle beste Freundin? Anstatt diesem Loser gehörig die Meinung zu sagen, nahm sie seine Einladung ins Kino an! »Ich weiß auch nicht, warum ich das gemacht habe, aber irgendwie finde ich ihn süß«, gestand sie mir ein wenig später. Eigentlich hätte ich hellhörig werden müssen, als sie mir nach dem Kinobesuch erzählte, sie hätte sich bei *Notting Hill* gar nicht richtig auf Hugh Grant konzentrieren können – nur weil Tobias neben ihr saß!
In den nächsten Tagen und Wochen tauchte der Name Tobias dann plötzlich in jedem zweiten Satz auf, den Nina von sich gab. Statt einem »ich« bekam ich immer häufiger ein »wir« zu hören. Und natürlich hatten sämtliche Männer, die ihr von da an im wahren Leben oder auf der Kinoleinwand begegneten, überhaupt keine Chance mehr gegen »ihren« Tobias! Mit der Zeit lernte auch ich Tobias besser kennen. Nie werde ich Ninas strahlende Augen vergessen, als ich ihr sagte, dass ihr Traumprinz auch dem kritischen Blick der besten Freundin ohne weiteres standhielt. Dass Tobias allerdings tatsächlich Ninas Traumprinz ist, wurde mir auf einer Radtour klar. An einem

schönen Sommertag radelten Nina, Tobias, mein damaliger Freund Johannes und ich in die westlichen Wälder. Ich betrachtete das vor mir radelnde Paar und erkannte, dass ich mir Nina gar nicht mehr ohne Tobias vorstellen konnte. Dass die beiden zusammen waren, schien mir die natürlichste Sache auf der ganzen Welt. Und ich war auch überhaupt nicht eifersüchtig darauf, dass Nina nun so viel Zeit mit Tobias verbrachte, ganz im Gegenteil: Ich mochte diese fröhliche und glückliche Nina, die trotz aller Verliebtheit immer noch Zeit für ihre beste Freundin hatte.
Und noch etwas konnte ich bei dieser Radtour beobachten: Dass Tobias ebenso viel für Nina empfand wie sie für ihn. Die beiden gingen so liebevoll miteinander um, und in ihren Augen lag ein ganz besonderer Glanz. Dass ich mich kurz darauf von meinem Freund Johannes trennte, weil mir in unserer Beziehung etwas zu fehlen schien, hängt übrigens auch mit diesem Ausflug zusammen. Doch das ist eine ganz andere Geschichte ...
Kurz nach dieser Radtour erzählte ich Nina von meinen Gefühlen und Beobachtungen und folgerte: »Du hast mit Tobias wirklich das große Los gezogen.« Sie sagte darauf nur: »Ja, das habe ich.« Deshalb hat es mich nicht allzu sehr überrascht, als Nina und Tobias vor ein paar Monaten an einem verregneten Sonntag bei mir aufkreuzten und mit strahlender Miene erklärten: »Wir heiraten!« Für mich war das seit dieser Radtour klar gewesen. Und ich denke, jeder, der heute hier ist, kann sehen, dass diese beiden Menschen einfach zusammengehören. Ich kann heute nur meine damaligen Worte wiederholen: Nina, du hast mit Tobias wirklich das große Los gezogen. Und Tobias, auch du hast mit Nina das große Los gezogen. Mit anderen Worten: Mit eurer Hochzeit habt ihr euch heute den Hauptgewinn abgeholt. Ich wünsche euch alles, alles Gute für eure Zukunft!

3. KAPITEL

Gedichte und Sprüche für die Hochzeitsfeier

Gedichte und Sprüche bieten eine gute Möglichkeit, eine Hochzeitsfeier aufzulockern, und sorgen stets für Erheiterung bei den Gästen. Dabei spielt es keine Rolle, ob ein Gast ein Gedicht rezitiert oder ob die Verse in einer Rede (siehe Kapitel 2) oder einer Hochzeitszeitung (siehe Kapitel 5) zur Anwendung kommen. Eine Sammlung von humorvollen Gedichten und Sprüchen rund um die Themen Hochzeit und Ehe, Kindergedichten und Trinksprüchen finden Sie in diesem Kapitel.

Humorvolle Gedichte und Sprüche

Mit den folgenden Gedichten und Sprüchen werden Sie Brautpaar und Hochzeitsgesellschaft garantiert zum Schmunzeln bringen.

Ehe, Liebe und ein Kuss –
so, dass es sich reimen muss:
Wenn's dir in Kopf und Herzen schwirrt,
was willst du Besseres haben?
Wer nicht mehr liebt und nicht mehr irrt,
der lasse sich begraben!
Johann Wolfgang von Goethe

Viele Männer heiraten, um eine bestimmte Frau zu vergessen. Dann laufen sie anderen Frauen nach, um die Frau zu vergessen, die sie geheiratet haben.
Lady Astor

Ein ernstlich Verliebter ist in Gegenwart seiner Geliebten verlegen, ungeschickt und wenig einnehmend.
Immanuel Kant

Selig sind die Auserwählten,
die sich liebten und vermählten;
denn sie tragen hübsche Früchte.
Und so wuchert die Geschichte
sichtbarlich von Ort zu Ort.
Doch die braven Junggesellen,
Jungfern ohne Ehestellen,
welche ohne Leibeserben,
so als Blattgewächse sterben,
pflanzen sich durch Knollen fort.
Wilhelm Busch

Wer's aber mit sich selbst gut meint, der nehme ja eine Gattin, die gefällig ist und sanften Herzens – oder sonst gar keine!
Friedrich von Schiller

Mit viel Liebe und mit Küssen
soll das Leben euch verfließen,
bis der schöne Tag erscheint,
der für immer euch vereint.
Volksmund

Braut und Bräutigam küssen sich,
andre Leute wissen's nicht.
Braut und Bräutigam vertragen sich,
andre Leute schlagen sich.
Volksmund

Wenn die Ehegatten nicht beisammen lebten,
würden die guten Ehen häufiger sein.
Friedrich Nietzsche

Die Hochzeit hat die Entführung nur deshalb abgelöst,
weil niemand gern auf Geschenke verzichtet.
Mark Twain

Ratsam ist und bleibt es immer
für ein junges Frauenzimmer,
einen Mann sich zu erwählen
und womöglich sich vermählen.
Erstens: will es so der Brauch.
Zweitens: will man's selber auch.
Drittens: man bedarf der Leitung
und der männlichen Begleitung;
weil bekanntlich manche Sachen,
welche große Freude machen,
Mädchen nicht allein verstehen;
Als da ist: ins Wirtshaus gehen. –

Freilich oft, wenn man auch möchte,
findet sich nicht gleich der Rechte;
und derweil man so allein,
sucht man sonst, sich zu zerstreu'n.
Wilhelm Busch

Liebe – sagt man schön und richtig –
ist ein Ding, das äußerst wichtig.
Nicht nur zieht man in Betracht,
was man selber damit macht,
nein, man ist in solchen Sachen
auch gespannt, was andre machen.
Wilhelm Busch

Heiraten ist, wenn man die Wahrheit sagen will,
ein Übel freilich, aber ein notwendiges.
Menander

Ein kluger, hässlicher Mann hat hin und wieder Erfolg
bei den Frauen, aber ein hübscher Dummkopf ist
unwiderstehlich.
William Makepeace Thackeray

Die Männer heiraten, weil sie müde sind, die Frauen,
weil sie neugierig sind. Beide werden enttäuscht.
Oscar Wilde

Man kann anderen Leuten erklären,
warum man seinen Mann geheiratet hat, aber sich
selbst kann man es nicht erklären.
George Sand

Bevor du in den Krieg gehst, bete einmal! Bevor du zur
See gehst, bete zweimal! Bevor du heiratest, bete dreimal!
Aus Russland

Die Musterehe

Ein rares Beispiel will ich singen,
wobei die Welt erstaunen wird.
Dass alle Ehen Zwietracht bringen,
glaubt jeder, aber jeder irrt.

Ich sah das Muster aller Ehen,
still, wie die stillste Sommernacht.
O! dass sie keiner möge sehen,
der mich zum frechen Lügner macht!
Und gleichwohl war die Frau kein Engel,
und der Gemahl kein Heiliger;
es hatte jedes seine Mängel.
Denn niemand ist von allen leer.

Doch sollte mich ein Spötter fragen,
wie diese Wunder möglich sind.
Dem lasse ich zur Antwort sagen:
Der Mann war taub, die Frau war blind.
Gotthold Ephraim Lessing

Leider haben überhaupt die Heiraten – verzeihen Sie
mir einen lebhafteren Ausdruck – etwas Tölpelhaftes;
sie verderben die zartesten Verhältnisse.
Johann Wolfgang von Goethe

Denn wo das Strenge mit dem Zarten,
wo Starkes sich und Mildes paarten,
da gibt es einen guten Klang.
Drum prüfe, wer sich ewig bindet,
ob sich das Herz zum Herzen findet!
Der Wahn ist kurz, die Reu ist lang.
Friedrich von Schiller

Der Arzt nennt die Ehe ein verkehrtes Fieber,
das mit Hitze anfängt und mit Kälte endigt;
der Chemiker: eine einfache Wahlverwandtschaft;
der Apotheker: ein niederschlagendes Pulver;
der Mathematiker: eine Gleichung,
wo bei zwei gegebenen Größen sich leicht eine dritte findet;
der Jurist: einen Kontrakt;
der Kaufmann: eine Spekulation,
die ebenso leicht falliert als glückt;
der Dichter: einen Roman,
der manchmal mehrere Auflagen erlebt;
der Schauspieler: eine Tragikomödie,
die stets vom Publikum beklatscht wird;
der Theaterdirektor: ein Abonnement;
der Musiker: ein Konzert, in welchem die Liebe die Flöte
bläst, die Kinderchen die Querpfeife, die Nachbarn die
Trompete und der Mann zuweilen ein Hornsolo;
der Soldat: einen Feldzug, der sich bald zum Siebenjährigen,
bald zum Dreißigjährigen Krieg ausdehnt.
Aus »Fliegende Blätter«

Die Frauen geben wenig auf ein schönes Gesicht; was sie
verführt, ist Kraft und Mut. Intellektuelle Eigenschaften üben
keinen unmittelbaren Einfluss auf sie. Dummheit ist durchaus
kein Hindernis in der Erlangung der Weibergunst.
Arthur Schopenhauer

Hat versalzen dir die Suppe
deine Frau, bezähm die Wut,
sag ihr lächelnd: »Süße Puppe,
alles, was du kochst, ist gut.«
Heinrich Heine

Die moderne Frau versteht alles –
ausgenommen ihren eigenen Mann.
Oscar Wilde

O wie lieblich, o wie schicklich,
sozusagen herzerquicklich,
ist es doch für eine Gegend,
wenn zwei Leute, die vermögend,
außerdem mit sich zufrieden,
aber von Geschlecht verschieden,
wenn nun diese, sag ich, ihre
dazu nötigen Papiere
sowie auch die Haushaltssachen
endlich mal in Ordnung machen
und in Ehren und beizeiten
hin zum Standesamte schreiten,
wie es denen, welche lieben,
vom Gesetze vorgeschrieben;
dann ruft jeder freudiglich:
»Gott sein Dank, sie haben sich!«

Kurz, Verstand sowie Empfindung
dringt auf ehliche Verbindung.
Dann wird's aber auch gemütlich.
Täglich, stündlich und minütlich
darf man nun vereint zu zween
Arm in Arm spazieren gehen!
Ja, was irgend schön und lieblich,
segensreich und landesüblich
und ein gutes Herz ergetzt,
prüft, erfährt und hat man jetzt.
Wilhelm Busch

Liebe ist eine vorübergehende Geisteskrankheit, die durch
Heirat heilbar ist oder dadurch, dass man den Patienten den
Einflüssen entzieht, unter denen er von der Krankheit
befallen wurde.
Ambrose Bierce

Die Ausdrücke »Herz verschenken«, »Gunst verschenken«
sind poetische Blümchen. Kein Mädchen schenkt ihr Herz
weg; sie verkauft es entweder für Geld oder Ehre oder
vertauscht es gegen ein anderes, wobei sie Vorteil hat oder
doch zu haben glaubt.
Georg Christoph Lichtenberg

Gleichberechtigung zwischen Mann und Frau ist
nur möglich, wenn sich die Frau unterordnet.
Martial

Und bist du erst mein eh'lich Weib,
dann bist du zu beneiden,
dann lebst du in lauter Zeitvertreib,
in lauter Plaisir und Freuden.

Und wenn du schiltst und wenn du tobst,
ich werd' es geduldig leiden;
doch wenn du meine Verse nicht lobst,
lass ich mich von dir scheiden.
Heinrich Heine

Willst du durchaus heiraten, so nimm einen Narren,
denn gescheite Männer wissen allzu gut,
was ihr für Ungeheuer aus ihnen macht.
William Shakespeare

Ringlein sehen heut lieblich aus,
morgen werden Fesseln draus.
Clemens von Brentano

Wer aus Liebe heiratet, hat gute Nächte und üble Tage.
Aus Russland

Kindergedichte

Auch die kleinsten Gäste können schon etwas zur Gestaltung der Hochzeitsfeier beitragen. Im Folgenden finden Sie einige kurze Kindergedichte, die sich auch ein Dreikäsehoch schon merken kann.

Die einen sagen »toi, toi, toi«,
die andern rufen laut »ahoi«,
und ich, ich sage wohlgemut:
Du liebes Brautpaar, mach es gut!

Hoch geehrte, liebe Leute!
Wenig Worte sag ich heute,
doch sie sind von Herzen mein:
Brautpaar, du sollst glücklich sein!

Zwei Brautleut', so wie du und du,
sind ähnlich fast wie ein Paar Schuh':
Sie haben viel zu wandern
von einem Ort zum ander'n,
verschieden viel zu tragen
in ihren Ehetagen.

Doch wichtig ist dabei,
sie bleiben immer zwei,
denn einer ganz allein
könn't nie von Nutzen sein.

Liebes Brautpaar, nimm nun hin
meinen Rat in diesem Sinn:
Durchwandert froh zu zweit
die ganze Lebenszeit!

Ich hab ein Verslein ausgedacht,
das hoffentlich euch Freude macht.
Es sagt nur kurz und klipp und klar:
Viel Glück dem jungen Ehepaar.

Hereinspaziert, hereinspaziert,
hier wird nach Kräften gratuliert,
und eine Riesenmenschenschar
umringt das traute Hochzeitspaar.
Macht alle mit, kommt näher 'ran
und bringt noch tausend Wünsche an!

Sagt man immer, dass die Würze
bei der Rede liegt in Kürze,
möchte ich unser'm Hochzeitspaar,
froh umringt von großer Schar,
kurz die besten Wünsche sagen:
Seid an allen euren Tagen –
wie's von Herzen ist gemeint –
immer glücklich, treu vereint!

Dem Ehepaar von diesem Feste
wünschen alle Hochzeitsgäste
Einigkeit und Harmonie
und bitterböse Worte nie!

Viel Glück und Gottes Segen
auf allen euren Wegen!
Ich wünsch dem Hochzeitspaare
sehr viele schöne Jahre.

Ich bin der Kleinste hier im Kreis,
der noch nicht viel zu sagen weiß,
der aber wünscht dem lieben Paar
das Allerschönste immerdar!

Seid fröhlich und zufrieden immer!
Bei schlechter Laune wird nur schlimmer,
was das Leben von euch verlangt.
Schaut zu, dass ihr euch niemals zankt!

Steh' ich hier als kleiner Mann,
der nicht selber dichten kann.
Hat der Papa nachgedacht,
schnell mir einen Vers gemacht,
und so hört nun, was ich sage:
Glück dem Brautpaar alle Tage!

Ich bin hier noch ein kleiner Wicht,
zu schwer ist mir ein lang' Gedicht,
drum sag ich ohne viel Studieren:
Ich will euch herzlich gratulieren!

Zu eurer Hochzeit,
dem schönen Fest,
sag ich nur einen Satz:
Habt euch so lieb,
wie es nur geht,
bis euer Herze platzt!

Der Erste freit um die Dukaten,
der Zweite um ein schön Gesicht.
Der Dritte kann nicht länger warten,
der Vierte, weil Mama so spricht.
Der Fünfte ist nicht gern allein,
der Sechste will doch auch mal frein.
Der Siebente und Achte sind so dumm,
die wissen selber nicht warum.

Hochzeit, Fest- und Freudentag,
schön wie Sonnenschein,
Hochzeit, Fest- und Freudentag
heut' für Groß und Klein.
Tausend Wünsche, froh im Sinn
und bestimmt für alle Zeiten,
fliegen zu dem Brautpaar hin,
soll'n es stets begleiten!

Petersilie, Suppenkraut,
wächst in unserm Garten.
Unser Ännchen ist die Braut,
muss nicht länger warten.
Roter Wein und weißer Wein,
heute soll die Hochzeit sein.

Ich wünsche euch zum Hochzeitstage
ein langes Leben ohne Plage.
Der liebe Gott schenke euch Glück
und lenke gnädig euer Geschick.

Zur Hochzeit gratuliere ich
und streue Blumen hin.
Ich bitte euch, denkt immer dran,
von Herzen gut ich bin.

Wenn ich einmal groß bin,
dann mach ich es wie du:
Ich nehm mir eine hübsche Frau
und schau den Kindern zu!

Hochzeitswunsch

Das Liseli sieht freundlich aus,
will morgen Hochzeit machen.
Ein Engel Gottes soll ihr Haus
und ihren Hof bewachen.

Soll ihren guten Mann und sie
ein Leben lang bewachen
und's liebe, fromme Liseli
und ihn recht glücklich machen.

Und soll euch liebe Kinderlein
in Hüll' und Fülle geben,
von Herzen zart und fromm und rein
und hold und schön daneben.
Matthias Claudius

Trinksprüche

Nur allzu gern erheben die Hochzeitsgäste immer wieder ihre Gläser auf das Brautpaar und prosten ihm viel Glück für die Zukunft zu. Damit dabei niemand sprachlos bleiben muss, sind hier einige Trinksprüche versammelt. Diese lassen sich auch hervorragend ans Ende einer Rede setzen (siehe Kapitel 2).

Seid glücklich hier und dort; seid selig denn gepreist,
ihr, die man heute Braut und Bräutigam euch heißt!
Seid morgen Mann und Frau, seid Eltern übers Jahr,
so habt ihr denn erlangt, was zu erlangen war.
Friedrich von Logau

Sie hat nichts und du desgleichen;
dennoch wollt ihr, wie ich sehe,
zu dem Bund der heil'gen Ehe
euch bereits die Hände reichen.
Kinder, seid ihr denn bei Sinnen?
Überlegt euch das Kapitel!
Ohne die gehör'gen Mittel
soll man keinen Krieg beginnen.
Wilhelm Busch

Der Hochzeitstag, ich mach' es kurz,
gleicht einem frisch gewagten Sturz
ins Lebensabenteuer.
Ich wünsch', dass eurer Liebe Kraft
mit Leichtigkeit das Wagnis schafft
und jugendlichem Feuer!
Unbekannt

Punschlied

Vier Elemente,
innig gesellt,
bilden das Leben,
bauen die Welt.

Presst der Zitrone
saftigen Stern!
Herb ist des Lebens
innerster Kern.

Jetzt mit des Zuckers
linderndem Saft
zähmet die herbe
brennende Kraft!

Gießet des Wassers
sprudelnden Schwall!
Wasser umfänget
ruhig das All.

Tropfen des Geistes
gießet hinein!
Leben dem Leben
gibt er allein.

Eh' es verdüftet,
schöpfet es schnell!
Nur wenn er glühet,
labet der Quell.
Friedrich von Schiller

Iss und trink und sei zufrieden.
Lukas 12,19

Rotwein ist für alte Knaben
eine von den besten Gaben.
Wilhelm Busch

Denn meine Meinung ist nicht übertrieben:
Wenn man nicht trinken kann, soll man nicht lieben,
doch sollt ihr Trinker euch nicht besser dünken:
Wenn man nicht lieben kann, soll man nicht trinken.
Johann Wolfgang von Goethe

Wahrlich, unser Leben währet nur kurz,
darum durchmesst seine Bahnen auf das Fröhlichste.
Euripides

Bekränzt mit Laub den lieben, vollen Becher!
Und trinkt ihn fröhlich leer!
Matthias Claudius

Der Heiterkeit sollen wir, wann immer sie sich einstellt,
Tür und Tor öffnen, denn sie kommt nie zur unrechten Zeit.
Arthur Schopenhauer

Mich deucht, das Größt' bei einem Fest,
ist, wenn man sich's wohl schmecken lässt.
Johann Wolfgang von Goethe

Für Sorgen sorgt das liebe Leben,
und Sorgenbrecher sind die Reben.
Johann Wolfgang von Goethe

Genießen heißt fröhlich sein mit sich selbst
und den anderen.
Johann Wolfgang von Goethe

Essen und Trinken hält Leib und Seele zusammen.
Sprichwort

Der Wein ist unter den Getränken das nützlichste,
unter den Arzneimitteln das schmackhafteste, unter den
Nahrungsmitteln das angenehmste.
Plutarch

Wer nicht liebt Wein, Weiber und Gesang,
der bleibt ein Narr sein Leben lang.
Martin Luther

Um das Ross des Reiters schweben,
um das Schiff die Sorgen her.
Morgen können wir's nicht mehr,
darum lasst uns heute leben!
Friedrich von Schiller

Man kann, wenn wir es überlegen,
Wein trinken fünf Ursachen wegen:
Einmal um eines Festtages willen,
sodann vorhandenen Durst zu stillen,
desgleichen künftig abzuwehren,
ferner dem guten Wein zu Ehren,
und endlich um jeder Ursache willen.
Friedrich Rückert

Dies Glas dem guten Geist!
Friedrich von Schiller

Für die Toten Wein, für die Lebenden Wasser:
Das ist eine Vorschrift für Fische.
Martin Luther

Ich will Champagnerwein und recht moussierend soll er sein.
Johann Wolfgang von Goethe

Fisch will schwimmen.
Petronius

Trunken müssen wir alle sein!
Jugend ist Trunkenheit ohne Wein;
Trinkt sich das Alter wieder zu Jugend,
so ist es wundervolle Tugend.
Johann Wolfgang von Goethe

Kein Tropfen geht verloren, von dem, was Weise trinken.
Friedrich von Bodenstedt

Jetzt lasst uns trinken, jetzo mit freiem Fuß den Boden stampfen.
Horaz

Ich mag es gerne leiden, wenn auch der Becher überschäumt.
Friedrich von Schiller

Wohlauf noch getrunken den funkelnden Wein.
Justinus Kerner

Trinkspruch auf das Brautpaar
Ihr seid nun eins, ihr beide,
und wir sind mit euch eins.
Trinkt auf der Freude Dauer
ein Glas des guten Weins!

Und bleibt zu allen Zeiten
einander zugekehrt,
durch Streit und Zwietracht werde
nie euer Bund gestört.
Johann Wolfgang von Goethe

4. Kapitel
Sketche für die Hochzeitsfeier

Sketche sorgen immer für große Erheiterung beim Brautpaar und seinen Gästen. Auf humorvolle Weise werden hier die Eigenheiten des Brautpaars, die Vorgeschichte der Ehe oder auch die Themen Liebe und Ehe im Allgemeinen dargestellt. Keine Angst, Sie müssen kein Robert De Niro oder keine Meryl Streep sein, um diese kurzen Stücke aufzuführen. Ein wenig Begeisterung reicht völlig aus. Wie Sie einen guten Sketch schreiben, erfahren Sie in diesem Kapitel. Und für die Faulen oder Unkreativen unter Ihnen finden sich hier auch einige Sketche, die Sie einfach so übernehmen können.

So schreiben Sie einen guten Sketch

Bei einer Hochzeit werden all jene Sketche die meisten Lacher erzielen, die individuell auf das Brautpaar zugeschnitten sind, sodass sich Braut und Bräutigam darin wieder erkennen und auch von ihren Gästen wieder erkannt werden. Doch zugegeben: Einen solchen Sketch zu schreiben ist nicht ganz einfach. Wie Sie dies bewerkstelligen können, zeigen Ihnen die folgenden Abschnitte.

Was ist ein Sketch?

Ein Sketch ist ein kurzes Stück oder auch nur eine Szene aus dem Alltag, an deren Ende eine gezielte Pointe steht. Es gibt Sketche für eine oder mehrere Personen, deren Dauer bei einer Hochzeitsfeier etwa zwischen drei und zehn Minuten liegen sollte. Im Mittelpunkt steht in diesem Fall natürlich das Brautpaar – entweder als Hauptpersonen des Sketches oder als direkt Angesprochene.

Bei einer Hochzeitsfeier erfüllt ein Sketch eigentlich nur einen einzigen Zweck: Er will unterhalten, und zwar auf nette und angenehme Weise. Tabu ist alles, was unter die Gürtellinie geht, ferner Beleidigungen und Zweideutigkeiten. Wie bei einer Rede sollten Sie auch bei einem Sketch stets im Auge behalten, dass sich auf einer Hochzeit die unterschiedlichsten Menschen versammeln – von der Oma bis zum Säugling –, aber auch Personen mit unterschiedlichem Bildungsstand, Geschmack und Humor. Sie alle sollten bei Ihrem Sketch zumindest schmunzeln können.

Der personalisierte Sketch

Wenn Sie den Sketch ganz auf Ihr Brautpaar zuschneiden möchten, sollten Sie möglichst viel über Braut und Bräutigam wissen. Hüten Sie sich allerdings vor Insiderwitzen, mit denen nur wenige Anwesende etwas anfangen können. Dass die Braut auf ihrem Büro-Computer einen etwas unorthodoxen Bildschirmschoner installiert hat, mögen ihre Kollegen zwar wahnsinnig witzig finden, die Mehrheit der Gäste wird allerdings nur Bahnhof verstehen.

Geben Sie den Charakteren im Sketch auch die Namen des Brautpaars und lassen Sie die Akteure sich auch möglichst oft mit diesen ansprechen. So weiß jeder sofort, wer gemeint ist.

Die Themen für einen Sketch

Bei einer Hochzeitsfeier bieten sich insbesondere folgende Themen für einen Sketch an:
- Szenen aus dem Alltag einer Ehe
- Konflikte in einer Zweierbeziehung
- Ehekrach und Versöhnung.

Wichtig ist in diesem Fall die Übertreibung: Selbst wenn dem Sketch ein banales Alltagsszenario zu Grunde liegt, sollte es so überspitzt dargestellt werden, dass es schon beinahe wieder unvorstellbar erscheint. Alles darf übertrieben werden: die Sprache, die Bewegungen, die Gefühlsregungen – solange Sie Ihr Publikum damit zum Lachen bringen.

Das Schreiben

Knackpunkt eines Sketches ist immer die Schlusspointe. Legen Sie diese daher als Erstes fest und beginnen Sie dann, einen Sketch auf diese Pointe hinzuführen.
Doch woher eine gute Pointe nehmen? Ganz einfach, bedienen Sie sich bei Witzen – egal, ob Sie diese aus dem Internet herunterladen, in einem Buch nachlesen oder das niederschreiben, was Ihnen Ihr Stammtischbruder neulich erzählt hat. Ein Sketch ist mitunter nichts anderes als ein Witz in Form eines Theaterstücks – lassen Sie sich also inspirieren!
Ebenso wichtig wie die Pointe am Schluss ist der Einstieg in den Sketch: Er soll die handelnden Personen einführen, sodass diese sofort erkennbar sind, und das Thema des Sketches vorstellen, damit jeder aus dem Publikum weiß, was auf ihn zukommt.
Stehen Anfang und Ende erst einmal fest, so geht es daran, den Mittelteil mit Dialogen auszuschmücken. Behalten Sie dabei auch Requisiten im Auge, die eventuell nötig sein könnten, und bedenken Sie, was auf einer Hochzeitsfeier an Bühnenbild überhaupt realisierbar ist. Da sich aufwändige Szenerien in einem Restaurant nur schwer darstellen lassen, greifen Sie

daher lieber auf einfache Requisiten und Kleidungsstücke zurück, um Ihrem Sketch Farbe zu verleihen.

Bühnenbild und Requisiten

Wie gesagt, eine Bühne wird Ihnen im Normalfall nicht zur Verfügung stehen, deshalb müssen Sie auf ein ausgefallenes Bühnenbild sowie Licht- oder gar Spezialeffekte wohl oder übel verzichten. Und mal ehrlich: Für einen Sketch von fünf Minuten Dauer wäre das auch wirklich etwas übertrieben! »Improvisation« heißt hier also das Zauberwort – versuchen Sie, aus den spärlichen Mitteln, die Ihnen zur Verfügung stehen (inklusive Ihrer Schauspielkünste), das Beste herauszuholen.

Beschränken Sie sich auf einige wenige Requisiten. Ein weißer Kittel reicht bereits, um einen Arzt darzustellen, eine Nickelbrille weist auf einen Professor hin usw. An Mobiliar sollten Sie sich mit den Tischen und Stühlen zufrieden geben, die in einem Restaurant vorhanden sind. Mit Leintüchern oder Vorhängen lassen sich diese leicht umfunktionieren und so zum Beispiel in ein Sofa verwandeln.

Es ist noch kein Schauspieler vom Himmel gefallen

Und deshalb sollten Sie Ihren Sketch im Vorfeld proben. Lassen Sie den Schauspielern ihre Texte rechtzeitig zukommen, sodass sie genug Zeit haben, diese auswendig zu lernen. Wenn jeder weiß, was er zu sagen hat, dürften ein oder zwei Abende für die eigentlichen Proben ausreichen.

Fast jeder Mensch hat seine individuellen Sprachgewohnheiten, die es manchmal nicht ganz einfach machen, ihn zu verstehen. Da lässt sich entweder ein starker regionaler Dialekt nicht zähmen, es wird genuschelt, viel zu leise gesprochen oder ganze Silben werden einfach verschluckt. Achten Sie als Regisseur besonders darauf, dass alle Schauspieler langsam, laut und deutlich sprechen, denn schließlich lacht niemand über einen Sketch, den er nicht versteht! Außerdem sollte man nicht den Kopf beim Sprechen gesenkt halten oder gar dem Publikum den Rücken zuwenden.

Doch es reicht nicht, lediglich den Text herunterzubeten: Die Akteure müssen eine Rolle auch mit Leben füllen. Vielleicht haben die Brautleute ja eine bestimmte »Macke«, die Sie für die entsprechenden Rollen übernehmen können? Das kann zum Beispiel ein Lispeln sein oder die Angewohnheit, in jeden Satz mindestens ein »also« einzubauen. Auch körperliche Erkennungszeichen, wie zum Beispiel die rot gefärbten Haare der Braut, ein Nasenpiercing oder die Vorliebe des Bräutigams für gestreifte Socken, können Sie hier herrlich zum Einsatz bringen. So weiß das Publikum sofort, woran es ist, und Sie haben die Lacher von Anfang an auf Ihrer Seite.

Wertvolle Tipps erhalten Sie, wenn Sie den Sketch vor einem Testpublikum vorführen – dazu reichen schon ein oder zwei Personen, die das Brautpaar ebenfalls kennen sollten. Diese Versuchskaninchen werden Ihnen gern die eine oder andere Anregung geben, wie Sie Ihren Sketch noch verbessern können. Haben Sie erst einmal ihre Gunst gewonnen, so steht einer erfolgreichen Aufführung eigentlich nichts mehr im Wege!

Sketche rund um Liebe und Hochzeit

Auf den folgenden Seiten finden Sie einige Sketche, die Sie direkt übernehmen können. Zusätzlich sollten Sie den handelnden Personen die Kennzeichen von Braut und Bräutigam geben – so landen Sie garantiert einen Treffer.

X In der Volkshochschule

Dauer: ca. fünf Minuten
Personen: die Volkshochschuldirektorin, eine ältere Dame mit Strickjacke und Nickelbrille; ein junger Bräutigam
Requisiten und Mobiliar: ein dickes Buch (zum Beispiel ein Telefonbuch, dessen Titelseite aber überklebt ist, um es als Kursverzeichnis zu kennzeichnen), zwei Stühle, ein Tisch
Eingangsszene: Der Bräutigam betritt das Büro der Volkshochschuldirektorin.

BRÄUTIGAM: Guten Tag!
DIREKTORIN: Guten Tag, mein Herr. Bitte nehmen Sie doch Platz. (*Bräutigam nimmt Platz*) Sie interessieren sich also für das Programm unserer Volkshochschule. Was kann ich für Sie tun?
BRÄUTIGAM (*nervös*): Na ja, wissen Sie, ich werde demnächst heiraten. Und da wollte ich wissen, ob Sie einen Kurs im Angebot haben, mit dem ich mich ein wenig auf die Ehe vorbereiten kann. Das ist ja alles Neuland für mich, und ich will nicht gleich etwas falsch machen.
DIREKTORIN: Das ist ein vernünftiger Entschluss. Lassen Sie mich mal nachsehen, ob wir etwas für Sie im Programm haben. (*Blättert in ihrem Buch*) Ach ja, wie wäre es zum Beispiel mit »Zuhören – die unterentwickelte Fähigkeit«?
BRÄUTIGAM: Was haben Sie gesagt?
DIREKTORIN: Ja, ich sehe schon, diesen Kurs brauchen Sie dringend. Was haben wir denn noch im Programm? Ah, dieser Kurs ist bei jungen Ehemännern sehr beliebt: »Frauen verstehen: Nein heißt nein. Migräne heißt auch nein.«
BRÄUTIGAM: Was – nein heißt nein? Das hätte ich ja nie gedacht! Ja, diesen Kurs sollte ich unbedingt machen. Was haben Sie denn sonst noch anzubieten?
DIREKTORIN: Nun, da gibt es eine ganze Reihe von Toiletten-Kursen. Dazu melden vor allem Frauen ihre Männer an. Überraschen Sie Ihre Braut doch und schreiben Sie sich selbst für einen solchen Kurs ein. So zeigen Sie Ihren guten Willen.

BRÄUTIGAM: Und was sind das für Kurse?

DIREKTORIN: Insgesamt vier Stück, die alle aufeinander aufbauen, und zwar: »Toilette 1: Brille hoch vor dem Pinkeln«, »Toilette 2: Brille runter nach dem Pinkeln«, dann »Toilette 3: Spülen« und schließlich für Fortgeschrittene: »Toilette 4: Pinkeln im Sitzen«.

BRÄUTIGAM (*blankes Entsetzen*): Was, Pinkeln im Sitzen? So weit bin ich noch nicht. Ich fange erst mal mit »Toilette 1« an, bitte schön.

DIREKTORIN: Ein weiser Entschluss. Wenn Sie diese Kurse absolviert haben, kann ich Sie guten Gewissens in die Ehe entlassen. Viel Glück!

Das neue Computerprogramm: »Ehefrau 1.0«

Dauer: ca. fünf Minuten
Personen: Verkäufer, Ehemann
Requisiten und Mobiliar: Computer (zum Beispiel Laptop), Tisch
Eingangsszene: Verkäufer und Ehemann stehen neben dem Computer.

VERKÄUFER: Kann ich Ihnen behilflich sein?

EHEMANN: Ja, ich interessiere mich für das neue Programm »Ehefrau 1.0«. Können Sie mir dazu ein paar Einzelheiten erklären?

VERKÄUFER: Gern. Das Programm ist eigentlich ganz unkompliziert. Allerdings brauchen Sie zuerst einmal ein Vorgängerprogramm, zum Beispiel »Freundin 5.0«. Dieses können Sie ganz einfach auf »Ehefrau 1.0« updaten. Allerdings haben Sie dann weniger Ressourcen für andere Anwendungen frei.

EHEMANN: Ein Update, das ist ja schon einmal ganz gut. Sagen Sie, hat dieses Programm denn auch Nachteile?

VERKÄUFER (*zuckt zusammen*): Na ja, ich will ehrlich zu Ihnen sein. Ich möchte Ihnen ja schließlich nichts aufschwatzen. Ein paar Nachteile hat »Ehefrau 1.0« schon. So kann es zum Beispiel zu ungewollten Plug-Ins wie »Schwiegermutter

58.5« kommen. Und einige andere Programme funktionieren nicht mehr, wenn Sie »Ehefrau 1.0« installiert haben. Insbesondere sind das »Herrenabend 3.2«, »Fußball 10.0« und »Playboy 66.6«. Außerdem überwacht »Ehefrau 1.0« alle anderen Systemaktivitäten.

EHEMANN: Puh, jetzt haben Sie mich aber verunsichert. Gibt es denn gar nichts, was man gegen diese Probleme tun kann?

VERKÄUFER (*sichtlich verlegen und mit verschwörerischer Miene*): Eigentlich darf ich Ihnen das gar nicht sagen. Es gibt da ein Programm, das nur unter dem Ladentisch verkauft wird: »Geliebte 1.1«. Allerdings ist dessen Handhabung nicht ganz einfach. Sie müssen unbedingt erst »Ehefrau 1.0« deinstallieren, bevor Sie »Geliebte 1.1.« installieren. Sonst löscht »Ehefrau 1.0« sämtliche Gelddateien, und Sie haben nicht mehr genug Ressourcen zum Support von »Geliebte 1.1«. Dies lässt sich aber umgehen, indem Sie »Geliebte 1.1« auf einem anderen System installieren und jeden Austausch von Daten vermeiden.

EHEMANN: Ich glaube, das ist mir doch zu kompliziert. Ich werde es einfach mit »Ehefrau 1.0« probieren.

VERKÄUFER: Gut, aber achten Sie darauf, dass es nicht zu unerwünschten Kind-Prozessen kommt! Viel Erfolg!

Die lieben Nachbarn

Dauer: ca. drei Minuten
Personen: Ehemann und Ehefrau, beide nicht mehr ganz jung
Requisiten und Mobiliar: Zeitung, Strickzeug, Sofa
Eingangsszene: Ehemann und Ehefrau sitzen auf dem Sofa. Sie strickt, er liest Zeitung.

EHEFRAU: Ach sieh mal, Bärchen, da sind unsere Nachbarn, die Schmidts. Führen sie nicht eine glückliche Ehe?

EHEMANN (*blickt von seiner Zeitung auf*): Wenn du meinst, Mausi. Woran willst du das denn erkennen?

EHEFRAU: Na, zum Beispiel geht Herr Schmidt jeden Abend joggen. Er tut wenigstens etwas für seinen Körper und lässt sich nicht so gehen wie du.

EHEMANN: Wenn dir solche Äußerlichkeiten wichtig sind, Mausi, dann gehe ich eben auch mal ins Fitnessstudio.

EHEFRAU: Und dann sieh dir mal ihren Garten an! So schöne Blumen! Der Herr Schmidt ist sich nicht zu schade, sich die Hände schmutzig zu machen!

EHEMANN: Mausilein, wenn's weiter nichts ist ... Da ist doch gar nichts dabei, ein paar Blumen kann ich auch pflanzen, wenn es dich glücklich macht.

EHEFRAU: Und die Kleider, die Frau Schmidt immer anhat! Die sind nicht billig, das kann ich dir sagen, Bärchen!

EHEMANN: Du willst also ein bisschen mehr Haushaltsgeld, Mausi? Ist es das? Kannst du gern haben, um des lieben Friedens willen.

EHEFRAU: Aber was ich am allerschönsten finde: Wenn der Herr Schmidt morgens in die Arbeit geht, umarmt und küsst er seine Frau sogar vor der Haustür. Warum tust du das nicht?

EHEMANN: Um Gottes willen, ich kenne die Frau doch kaum!

Der Lügendetektor

Dauer: ca. sieben Minuten
Personen: ein Professor, drei Journalisten, eine Ehefrau
Requisiten und Mobiliar: Schreibblöcke und Stifte für die Journalisten, ein großes Leintuch, ein Tisch, vier Stühle
Eingangsszene: Der Professor sitzt an einem Tisch, die Journalisten ihm gegenüber auf Stühlen, mit Stift und Schreibblock bewaffnet. Neben dem Professor steht die Ehefrau, verhüllt mit einem Leintuch.

PROFESSOR: Guten Tag, meine sehr verehrten Damen und Herren. Ich begrüße Sie ganz herzlich zu meiner heutigen Pressekonferenz, auf der ich Ihnen meine weltbewegende Erfindung vorstellen darf: den ultimativen Lügendetektor. Ich bin gespannt auf Ihre Fragen.

JOURNALIST 1: Herr Professor, wie lange haben Sie denn an Ihrer Erfindung gearbeitet?

PROFESSOR: Nun, ich selber nur einige wenige Jahre. Aber die Menschheit beschäftigt sich schon seit Jahrhunderten, ach was sage ich da, seit Jahrtausenden mit diesem Thema. Doch erst mir gelang es, den Lügendetektor zu perfektionieren.

JOURNALIST 2: Und klappte es gleich beim ersten Versuch?

PROFESSOR: Leider nein. Einmal war ich mir schon fast sicher, die perfekte Maschine gefunden zu haben, doch wies sie einige Funktionsstörungen auf. Leider musste ich mich von ihr trennen, was mich eine ganze Stange Geld gekostet hat. Doch nun bin ich mir sicher, die richtige gefunden zu haben.

JOURNALIST 3: Die Entwicklung Ihres Lügendetektors war sicherlich mit einigen Kosten verbunden, oder?

PROFESSOR: Nun, die Entwicklung hat schon ein wenig Geld verschlungen. Was ich jedoch zunächst unterschätzt hatte, waren die laufenden Kosten. Der Unterhalt ist nicht immer billig, jedes Jahr werden neue Zahlungen fällig.

JOURNALIST 2: Gibt es den Lügendetektor nur in einer Ausführung?

PROFESSOR: O nein, es gibt unzählige verschiedene Modelle, die alle anders aussehen. Jeder Kunde kann sich ein Modell aussuchen, das seinem individuellen Geschmack entspricht.

JOURNALIST 1: Kann die Maschine jede Lüge sofort erkennen?

PROFESSOR: Natürlich, doch scheint sie für einige Lügen ein besonderes Näschen zu haben, wenn ich das so sagen darf. So scheint sie Lügen, die mit Herrenabenden, Stripklubs, Kneipenbesuchen oder angeblichen Überstunden zu tun haben, besonders schnell auf die Schliche zu kommen. Über andere Lügen, zum Beispiel »Nein, ich finde dich überhaupt nicht dick«, scheint sie jedoch oft einfach hinwegzusehen. Woran das liegt, habe ich noch nicht herausgefunden. Der Lügendetektor scheint geradezu ein Eigenleben zu entwickeln, das mit rationalen Mitteln nicht nachzuvollziehen ist.

JOURNALIST 3: Und wie reagiert der Lügendetektor, wenn er einen Menschen beim Schwindeln ertappt hat?

PROFESSOR: Zuerst einmal sind da die akustischen Signale: schreien, kreischen, heulen. Häufig wird diese Funktion noch von Tränen begleitet. Aber auch motorisch reagiert der Lügendetektor. So greift er zum Beispiel nach Gegenständen wie Geschirr und wirft damit um sich. Bei besonders schweren Lügen kann er unter Umständen sogar auf den Lügner losgehen.

JOURNALIST 2: Gibt es einen Knopf zum Abschalten?

PROFESSOR: Einen Knopf nicht, aber meist verstummt der Lügendetektor, wenn Sie ihm einen Geldschein oder Blumen in die Hand drücken.

JOURNALIST 1: Nun spannen Sie uns aber nicht länger auf die Folter, Herr Professor. Dürfen wir Ihren Lügendetektor denn auch sehen?

PROFESSOR: Aber sicher. Hier ist er – die Ehefrau! (Enthüllt die Ehefrau)

Das Seminar »Männer verstehen«

Dauer: ca. fünf Minuten
Personen: Seminarleiterin (ältere, erfahrene Frau), drei Teilnehmerinnen (jüngere Frauen)
Requisiten und Mobiliar: ein dickes Buch, zum Beispiel ein Lexikon, dessen Titelseite überklebt wurde, sodass darauf nun die Aufschrift »Lexikon: Deutsch – Männer, Männer – Deutsch« zu lesen ist, drei Stühle
Eingangsszene: Die drei Teilnehmerinnen betreten den Raum und setzen sich auf die Stühle, die Seminarleiterin steht.

SEMINARLEITERIN: Guten Tag, meine Damen, ich begrüße Sie recht herzlich zu unserem Seminar »Männer verstehen – Teil

1«. Unser Thema ist nicht ganz einfach, wie Sie bald merken werden. Wenn ein Mann etwas sagt, meint er nämlich oft eigentlich etwas ganz anderes. Einsteigen in dieses komplexe Thema wollen wir mit Ihren Fragen. Gibt es etwas Bestimmtes, das Sie wissen wollen?

TEILNEHMERIN 1: Was bedeutet es, wenn ein Mann sagt: »Wollen wir tanzen?«

SEMINARLEITERIN: Ach, das ist ganz einfach. Er meint: »Ich will dich anfassen.«

TEILNEHMERIN 2: Und wenn er sagt: »Wollen wir noch einen Kaffee trinken?«

SEMINARLEITERIN: Das heißt: »Ich will mit dir schlafen.«

TEILNEHMERIN 3: Und der Vorschlag: »Gehen wir zu dir«?

SEMINARLEITERIN: Das ist seine Art zu sagen: »Ich bin verheiratet.«

TEILNEHMERIN 2: Immer wieder hört man Männer sagen: »Ich rufe dich an.« Was bedeutet das?

SEMINARLEITERIN: Ganz einfach: »Ich rufe dich an – vielleicht zu Weihnachten, vielleicht in fünf Jahren oder vielleicht auch gar nicht.«

TEILNEHMERIN 1: Ein Mann fragt: »Hast du Kondome?« Was will er wirklich wissen?

SEMINARLEITERIN: Eigentlich möchte er fragen: »Bist du eine Schlampe?«

TEILNEHMERIN 3: Und wenn er tatsächlich eine Frau als »Schlampe« bezeichnet?

SEMINARLEITERIN: Dann heißt das so viel wie: »Sie hat mich abblitzen lassen.«

TEILNEHMERIN 1: Bei einer Trennung sagen Männer oft: »Lass uns Freunde bleiben.« Was meinen sie damit?

SEMINARLEITERIN: Oh, das bedeutet: »Ab und zu können wir ja miteinander ins Bett gehen.«

TEILNEHMERIN 3: Mein Freund hat neulich gesagt: »Ich weiß, ich bin ein Arschloch.« Ist das nicht süß von ihm, das auch noch zuzugeben?

SEMINARLEITERIN: Was er damit eigentlich sagen wollte, war: »Du nervst mich, du Zicke.« Nun, meine Damen, ich hoffe,

Sie haben heute gelernt, Ihre Männer ein wenig besser zu verstehen. Wenn Sie sich das nicht alles merken konnten, empfehle ich Ihnen mein neuestes Werk: das »Lexikon der Männersprache«. (Hält ein dickes Buch hoch, auf dem steht: »Lexikon: Deutsch – Männer, Männer – Deutsch«)

Das Strickzeug

Dauer: ca. drei Minuten
Personen: Ehemann und Ehefrau
Requisiten und Mobiliar: Strickzeug, ein Sofa
Eingangsszene: Ehemann und Ehefrau sitzen auf dem Sofa, sie strickt.

EHEMANN (*beobachtet sie beim Stricken*): Das geht ja ganz schön flott, das Stricken.

EHEFRAU: Ich mache es ja schließlich auch schon seit Jahren.

EHEMANN: Sieh mal hier, die Maschen da sind ein bisschen arg locker.

EHEFRAU (*leicht genervt*): Das gehört so.

EHEMANN: Meinst du wirklich, der Pulli wird dir einmal passen? Irgendwie sieht er ein wenig eng aus.

EHEFRAU (*genervt*): Glaube mir, ich weiß schon, was ich da tue.

EHEMANN: Vorsicht, die Fäden verheddern sich gleich!

EHEFRAU (*noch genervter*): Ich pass schon auf, ich kann das nämlich!

EHEMANN: Vorsicht, gleich lässt du eine Masche fallen!

EHEFRAU (*explodiert*): Das sehe ich schon selber! Was bildest du dir eigentlich ein? Dass du mir das Stricken beibringen kannst?

EHEMANN (*honigsüß*): Aber nein, Liebling, ich möchte mich nur revanchieren für all die wertvollen Tipps, die du mir immer beim Autofahren gibst.

Die Unfallstatistik

Dauer: ca. drei Minuten
Personen: Ehemann und Ehefrau
Requisiten und Mobiliar: eine Zeitung, ein Sofa
Eingangsszene: Ehemann und Ehefrau sitzen auf dem Sofa, sie liest Zeitung.

EHEFRAU: Oh, hör mal, Liebling, das ist ja wirklich interessant. Versicherungen haben herausgefunden, wo die meisten Unfälle passieren. Ich hätte ja gedacht, dass das Flugzeug das gefährlichste Verkehrsmittel ist.

EHEMANN: Nein, nein, Fliegen ist sogar die sicherste Art zu reisen.

EHEFRAU: Und im Urlaub sterben mehr Menschen, weil ihnen eine Kokosnuss auf den Kopf fällt und nicht, weil sie von Haien gefressen werden.

EHEMANN: Na, da siehst du, wie gut es ist, dass wir unseren Urlaub immer an der Nordsee verbringen. Da gibt es weder Kokosnüsse noch Haie.

EHEFRAU: Und auch beim Bungeejumping passiert relativ wenig! Das hätte ich auch nicht gedacht.

EHEMANN: Na ja, es gibt ja auch nur relativ wenige Verrückte, die so etwas machen.

EHEFRAU: Aber weißt du, was mich wirklich überrascht, Schatzi? Die allermeisten Unfälle passieren in der Küche!

EHEMANN: Ich weiß, ich muss sie ja essen!

Beim Psychologen oder: Wann ist ein Mann ein Mann?

Dauer: ca. sieben Minuten
Personen: Psychologe, junger Mann
Requisiten und Mobiliar: Kugelschreiber und Notizblock, ein Sessel, eine Couch
Eingangsszene: Der Psychologe sitzt mit Stift und Notizblock auf dem Sessel, der junge Mann liegt auf der Couch.

PSYCHOLOGE: Nun, junger Mann, erzählen Sie mal. Wo drückt der Schuh?

JUNGER MANN (*stottert*): Wissen Sie ... na ja ... das ist mir jetzt fast ein bisschen peinlich ... man liest immer so viel vom »neuen Mann« und so ... ich bin mir so unsicher ... äh ... ich weiß manchmal gar nicht mehr genau, ob ich ... na ja, ob ich ein richtiger Mann bin.

PSYCHOLOGE: Sie zweifeln also an Ihrer Männlichkeit, ist das Ihr Problem?

JUNGER MANN (*haucht*): Ja.

PSYCHOLOGE: Keine Angst, das kriegen wir schon in den Griff. Ihr Problem ist gar nicht so selten, das muss Ihnen überhaupt nicht peinlich sein. Wenn Sie wüssten, wen ich schon alles deswegen behandelt habe ... (Lacht in sich hinein) Wie auch immer, ich habe hier ein paar Fragen vorbereitet. Wenn Sie mir bitte ehrlich und offen Auskunft geben. Dann werden wir bald herausfinden, ob Sie ein Mann sind oder nicht. Also gut, versetzen Sie sich einmal in die folgende Situation: Sie sind mit Freunden in einer Kneipe und müssen plötzlich auf die Toilette. Bitten Sie einen Freund mitzugehen?

JUNGER MANN: Nein, wieso auch?

PSYCHOLOGE (*kritzelt auf seinen Notizblock*): Sehr gut, wirklich sehr gut. Nun die nächste Frage: Dauern Ihre Telefongespräche länger als 30 Sekunden?

JUNGER MANN: Nein, dann ist doch sowieso schon alles gesagt.

PSYCHOLOGE (*nickt zustimmend*): Ja, ja. Angenommen, Sie fahren für fünf Tage in den Urlaub. Wie viele Koffer haben Sie dabei?

JUNGER MANN: Na, einen, wie viele denn sonst?

PSYCHOLOGE (*kritzelt auf seinen Notizblock*): Hervorragend, ganz hervorragend. Nun eine Situation, die Sie vielleicht auch schon erlebt haben: Sie haben Sex mit einer Frau, die Sie gerade erst kennen gelernt haben. Haben Sie Angst um Ihren Ruf?

JUNGER MANN: Welchen Ruf? Ach, Sie meinen, weil ich die Frau nicht schon nach fünf Minuten flachgelegt habe?

PSYCHOLOGE (*nickt zustimmend*): Sehr gut, wirklich fantastisch. Nun möchte ich Sie bitten, sich ein wenig an Ihre Vergangenheit zurückzuerinnern. Wo waren Sie, als Sie erfuhren, dass Prinzessin Diana tot ist?
JUNGER MANN: Was, die ist tot? Weiß ich gar nicht mehr. Ach doch, das war doch, als meine Ex tagelang mit verheulten Augen herumlief. Und ich dachte damals schon, es liegt an mir. Wo ich war? Weiß ich nicht mehr, hab wahrscheinlich Fußball geguckt.
PSYCHOLOGE (*nickt*): Alles sehr aufschlussreich. Nun noch eine letzte Frage: Wie oft wechseln Sie Ihre Unterwäsche?
JUNGER MANN: Ach, die muss man wechseln? Dann brauche ich ja ein zweites Paar Unterhosen! Na ja, wenn Sie meinen ...
PSYCHOLOGE (*studiert seine Notizen*): Mein Herr, was Sie mir da erzählt haben, ist hoch interessant, darüber könnte man ganze Bücher schreiben. Doch was Ihr Problem betrifft, kann ich Sie beruhigen: Mit Ihnen ist vielleicht nicht unbedingt alles in Ordnung, aber Sie sind ein ganz normaler Mann!

Heiratsantrag mit ungewöhnlichem Ende

Dauer: ca. drei Minuten
Personen: ein junger Mann und eine junge Frau
Requisiten und Mobiliar: eine Bank
Eingangsszene: Mann und Frau sitzen auf der Bank, er hat einen Arm um sie gelegt und blickt ihr verliebt in die Augen.

MANN: Mausi, liebst du mich auch wirklich?
FRAU: Ja, Bärchen.
MANN: Würdest du mir alle meine Fehler verzeihen, wenn wir verheiratet wären?
FRAU: Ja, Bärchen.
MANN: Würdest du mich rundherum verwöhnen und mir leckere Sachen kochen?

FRAU: Ja, Bärchen.
MANN: Würden uns deine Eltern eine Hochzeitsreise auf die Malediven spendieren?
FRAU: Ja, Bärchen.
MANN: Und meinst du, wir würden einmal ihr Haus erben?
FRAU: Ja, Bärchen.
MANN: O Mausi, das sind ja himmlische Aussichten. Und die Firma, die würden wir ebenfalls einmal bekommen?
FRAU: Ja, Bärchen.
MANN: Und, Mausilein, wenn ich dich bitten würde, deiner Mutter zu sagen, dass sie sich aus unserem Leben heraushalten soll – würdest du das tun?
FRAU: Ja, Bärchen.
MANN: O Mausi, ich liebe dich so sehr. Willst du mich heiraten?
FRAU: Nein, Bärchen.

Der nervöse Ehemann

Dauer: ca. drei Minuten
Personen: Kollege und junger Ehemann
Requisiten und Mobiliar: diverse Utensilien, die ein Büro andeuten, zum Beispiel Aktenordner, Telefon, Computer (Laptop), zwei Tische und Stühle
Eingangsszene: Der Kollege sitzt an seinem Schreibtisch und arbeitet, der junge Ehemann geht unruhig im Zimmer auf und ab.

KOLLEGE (*blickt von seiner Arbeit auf*): Herr Schmidt, was ist denn mit Ihnen los? Sie sind ja ganz nervös!
JUNGER EHEMANN (*hält inne*): Ach, ich mache mir Sorgen um meine Frau.
KOLLEGE (*mitleidig*): Was hat sie denn? Ist sie etwa krank?
JUNGER EHEMANN: Nein, nein, gesundheitlich ist alles in Ordnung.
KOLLEGE (*wissend*): Aha, dann hat sie wohl der Storch ins Bein gebissen?

Junger Ehemann (*verlegen*): Also nein, das ist es auch nicht.
Kollege: Hat Ihre Frau Probleme am Arbeitsplatz?
Junger Ehemann: O nein, beruflich läuft alles bestens.
Kollege (*entsetzt*): Sie glauben doch nicht etwa, dass sie Sie betrügt?
Junger Ehemann: Um Himmels willen, nein, das würde sie niemals tun!
Kollege: Herrgott noch mal, Schmidt, so lassen Sie sich doch nicht jedes Wort aus der Nase ziehen. Was ist denn dann mit Ihrer Frau?
Junger Ehemann: Sie ist heute das erste Mal mit dem neuen Auto unterwegs!

5. Kapitel
Die Hochzeitszeitung

Eine Hochzeitszeitung ist eine schöne Erinnerung an das Hochzeitsfest – für die Gäste, vor allem aber auch für das Brautpaar. Doch will eine solche Schrift gründlich vorbereitet sein. Was Sie bei der Gestaltung einer Hochzeitszeitung beachten sollten und welche inhaltlichen Elemente dabei auf keinen Fall fehlen dürfen, erfahren Sie in diesem Kapitel.

Vorbereitung und Planung

Eine Hochzeitszeitung erstellt sich leider nicht von selbst, sondern bedarf einer gründlichen Planung. Das A und O ist dabei neben einem großzügigen Zeitplan (irgendetwas kommt immer dazwischen, und leider kann man sich nicht auf alle Menschen hundertprozentig verlassen) ein zuverlässiges Redaktionsteam, das die Abwicklung in die Hand nimmt und sich auch um die Finanzierung der Hochzeitszeitung kümmert.

Die Redaktion

Da Sie die Hochzeitszeitung nicht allein auf die Beine werden stellen können, brauchen Sie einige engagierte und zuverlässige Mitarbeiter. Bringen Sie vom Brautpaar in Erfahrung, wer alles zum Fest geladen ist – Sie müssen ja nicht sagen, was da im Busch ist –, und fragen Sie dann bei den Gästen nach, wer an der Zeitung mitarbeiten möchte. Ideal wäre natürlich, wenn alle Beteiligten am selben Ort wohnten, denn trotz aller modernen Kommunikationsmöglichkeiten können doch manchmal Redaktionstreffen nötig werden. Außerdem sollten die Teammitglieder das Brautpaar sehr gut kennen, damit die Hochzeitszeitung so persönlich und interessant wie möglich wird. Aus diesem Redaktionsteam wiederum wählen Sie einen Chefredakteur, bei dem alle Fäden zusammenlaufen. Dieser sollte über E-Mail und Fax sowie einen gut ausgestatteten Computer verfügen, sodass er jederzeit erreichbar ist und sich seiner Aufgabe optimal widmen kann. Klären Sie bei Ihrem ersten Treffen vor allem, wer die folgenden Aufgaben übernimmt:

- Wer schreibt die Texte?
- Wer besorgt Bilder und Fotos?
- Wer hat gute Kontakte zu den Eltern oder engen Freunden des Brautpaars, um möglichst viele Informationen zu sammeln, ohne dass die Brautleute etwas mitbekommen?
- Wer hat einen Computer mit Scanner, Grafik- oder Bildbearbeitungsprogrammen?
- Wer kümmert sich um die Finanzierung?
- Wer organisiert die Vervielfältigung und Bindung der Zeitung?

Steht die Aufgabenverteilung erst einmal fest, so sollten Sie einen Zeitplan aufstellen, in dem auch der Redaktionsschluss, also der Zeitpunkt, zu dem alle Bilder und Texte beim Chefredakteur sein müssen, genau vermerkt ist. Kalkulieren Sie noch ein paar Puffertage mit ein, das schont die Nerven. Mindestens zwei Wochen vor dem Fest sollten Sie alle Artikel und Fotos beisammen haben, damit Sie die Zeitung noch in Ruhe zusammenstellen, vervielfältigen und binden können. Wenn feststeht, wer welche Aufgaben übernimmt und welcher zeitliche Rahmen dafür zur Verfügung steht, können Sie sich ans Werk machen.

Die Gestaltung

Ein weiterer Punkt, auf den sich das Redaktionsteam der Hochzeitzeitung einigen muss, ist, wie die Zeitung aussehen soll. Am besten lässt sich eine Hochzeitzeitung am Computer gestalten. Selbst ein einfacher Aldi-PC hat heutzutage alle nötigen Grafik- und Bildbearbeitungsprogramme sowie eine Vielzahl von Schriften und Cliparts, die Sie bei der Gestaltung der Zeitung verwenden können. Vorbei sind also die Zeiten, zu denen man Layouts mühsam mit Lineal und Bleistift anfertigen und dann in stundenlangen Kopierorgien vervielfältigen musste. Heute lässt sich eine Hochzeitzeitung ganz bequem und unabhägig von Ladenöffnungszeiten im häuslichen Arbeitszimmer erstellen und ausdrucken.

Die folgenden Fragen sollten Sie bei der Gestaltung des Layouts klären:

- Werden die Seiten ein- oder beidseitig bedruckt?
- Welche Schriftart und Schriftgröße nehmen Sie? Optimal ist eine Schriftgröße von 12 Punkt, damit sie gut lesbar ist. Immer wieder gern genommen wird hier zum Beispiel die Schriftart Times New Roman.
- Wie viele Spalten Text sollen auf einer Seite enthalten sein?
- Wie soll der Text ausgerichtet sein (links- oder rechtsbündig, zentriert oder Blocksatz)?
- Wie werden die Überschriften hervorgehoben (fett, kursiv, größere Schrift, andere Schriftart usw.)?
- Wie viele Fotos und grafische Elemente soll die Hochzeitzeitung enthalten? Fotos ziehen die Aufmerksamkeit auf sich, doch sollten die Seiten nicht mit grafischen Elementen überlastet sein.
- Wollen Sie Vignetten, Initialen, Borten oder andere Schmuckelemente verwenden?

Spielen Sie ruhig ein wenig mit Ihrem Computer herum – wahrscheinlich wissen Sie gar nicht, was all die Symbole auf Ihrem Bildschirm zu bedeuten haben. Oft verbergen sich dahinter Layout-Varianten, die Sie im Alltag zwar nicht brauchen, die jedoch einer Hochzeitszeitung viel Pep verleihen können. Sie werden merken, dass man damit Erstaunliches vollbringen kann!

Liegen die Seiten dann fertig ausgedruckt vor Ihnen, so bleiben noch zwei Fragen offen: Zum einen müssen die Blätter irgendwie zusammengehalten werden, zum anderen braucht die Festzeitung ein ansprechendes Titelblatt. Für die Bindung gibt es mehrere Möglichkeiten:

- Sie können die Blätter in einen Sichthefter oder eine Klemmmappe aus dem Schreibwarenladen einheften – eine einfache, aber nicht sehr originelle Möglichkeit. Außerdem wird das Ganze ziemlich teuer, wenn viele Gästen an der Feier teilnehmen und Sie also auch viele Exemplare der Zeitung brauchen.
- Eine solche Mappe können Sie selbst ein wenig individueller gestalten, zum Beispiel indem Sie sie mit einem schönen Geschenkpapier überziehen oder ein Foto des Brautpaars auf die Vorderseite kleben.
- Lochen Sie die einzelnen Blätter seitlich oder an der Oberkante und ziehen Sie eine Schleife hindurch – das sieht hübsch aus. Allerdings lässt sich die Zeitung dann oft nicht ganz so leicht umblättern.
- Professioneller sieht die Zeitung aus, wenn Sie im Copyshop eine Ring-, Spiral- oder Klebebindung anfertigen lassen.

Auch beim Deckblatt haben Sie die Qual der Wahl. Ob Sie nun ein Foto des Brautpaars – vielleicht verziert mit ein paar typischen Hochzeitsaccessoires –, eine Collage rund um die Themen Hochzeit, Ehe und Liebe oder ein Liebesgedicht auf den Titel Ihrer Zeitung setzen, bleibt ganz Ihrem individuellen Geschmack überlassen. Eine beliebte Idee ist auch, sich aus der

Stadtbücherei oder dem Archiv Ihrer Tageszeitung eine Ausgabe der Zeitung vom Tag, an dem sich das Brautpaar kennen gelernt hat, zu besorgen, diese zu kopieren und als Umschlag für die Hochzeitszeitung zu verwenden. So erfährt die Hochzeitsgesellschaft den historischen Kontext dieses weltbewegenden Ereignisses.

Auf jeden Fall benötigen Sie jedoch einen griffigen Aufmacher, eine Schlagzeile oder ein spannendes Thema, das Sie groß auf die Titelseite setzen. Orientieren Sie sich hier ruhig an bekannten Zeitungen oder Zeitschriften, wie zum Beispiel *Bild*, *Bunte*, *Spiegel* oder *Stern*.

Vor allem, wenn die Hochzeitszeitung sehr umfangreich ist, sollten Sie ein Inhaltsverzeichnis an den Anfang stellen, sodass die Leser die einzelnen Beiträge schnell finden können. Auch auf ein Impressum sollten Sie nicht verzichten, damit das Brautpaar auch in 50 Jahren noch weiß, wer sich all die Arbeit gemacht hat. Nehmen Sie alle Mitglieder des Redaktionsteams sowie den Chefredakteur ins Impressum auf und geben Sie auch an, wer die Zeitung gedruckt, vervielfältigt, gebunden hat oder in anderer Weise an ihrer Erstellung beteiligt war. So wirkt Ihre Zeitung gleich noch ein wenig professioneller!

Die Finanzierung

Machen Sie sich rechtzeitig Gedanken darüber, wie Sie die Hochzeitszeitung finanzieren wollen und welche Kosten überhaupt auf Sie zukommen, damit Sie am Ende nicht noch kräftig draufzahlen. Dazu müssen Sie erst einmal überlegen, wie hoch die Auflage der Zeitung sein soll: Denn wenn Sie zum Beispiel einen Copyshop mit der Bindung und Vervielfältigung beauftragen, bekommen Sie oft Mengenrabatt – je mehr Exemplare Sie also anfertigen lassen, desto billiger wird das einzelne Exemplar.

Für den Vertrieb der Hochzeitszeitung gibt es zwei Möglichkeiten: Entweder sie wird kostenlos an alle Gäste verteilt –

dann brauchen Sie genug Exemplare für alle Gäste und müssen sich überlegen, wie Sie die Kosten wieder hereinholen können. Oder aber Sie verkaufen die Zeitung – dann brauchen Sie weniger Exemplare, da Paare oder Familien nur eine Zeitung abnehmen werden, haben aber schon einmal eine kleine Einnahmequelle.

Wie teuer die Herstellung der Hochzeitszeitung wird, hängt von ihrer Gestaltung ab. Vierfarbdruck ist immer teurer als Schwarzweißdruck, außerdem steigt der Preis mit der Zahl der enthaltenen Fotos und der Papierqualität. Wenn Sie die Zeitung nicht zu Hause am eigenen Computer herstellen (auch hier fallen allerdings Kosten für gutes Papier und Farbpatronen an), sondern einen Copyshop oder gar eine Druckerei mit der Vervielfältigung beauftragen, sollten Sie mindestens zwei Angebote einholen, damit Sie eine Vergleichsmöglichkeit haben und sich für die günstigere Variante entscheiden können.

Woher kommt nun das Geld? Um Ihre Hochzeitszeitung zu finanzieren, stehen Ihnen unter anderem die folgenden Möglichkeiten offen:

- Vielleicht möchte ja jemand eine Anzeige in der Hochzeitszeitung schalten? Geeignete Inserenten sind zum Beispiel Freunde, Verwandte oder Nachbarn des Hochzeitspaares, die ein Geschäft oder Unternehmen haben. Auch der Copyshop, der die Zeitung herstellt, der Partyservice, der die Hochzeitsfeier ausrichtet, oder das Brautmodengeschäft, aus dem die Robe der Braut stammt, kommen dafür in Frage. Bieten Sie den Inserenten auf jeden Fall auch ein Freiexemplar der Zeitung an.
- Natürlich können Sie die Hochzeitszeitung auch verkaufen – entweder für einen vorher festgesetzten Betrag, zum Beispiel einen Euro, oder gegen eine Spende in beliebiger Höhe.
- Außerdem bietet es sich an, ein besonderes Exemplar der Zeitung zu versteigern, zum Beispiel eine farbige oder gebundene Ausgabe.

Die Materialsammlung

Unbedingt sollten Sie sich auch zum Inhalt Ihrer Hochzeitszeitung im Vorfeld einige Gedanken machen. Wenn jedes Redaktionsmitglied einfach munter drauflos schreibt, besteht die Gefahr, dass die Zeitung zu uneinheitlich wird oder Themen doppelt enthalten sind. Überlegen Sie sich auch, in welchem Ton Sie die Zeitung halten wollen – eher sachlich, feierlich oder lustig.

Dann geht es – wie beim Schreiben einer Rede – daran, so viel Material wie möglich über das Brautpaar zusammenzutragen. Etliche Dinge werden Sie selbst wissen, doch scheuen Sie sich nicht, auch andere Quellen anzuzapfen, zum Beispiel Eltern, Geschwister, Kollegen sowie Freunde und Bekannte des Brautpaars. Je mehr Sie über die Brautleute wissen, desto persönlicher kann Ihre Hochzeitszeitung ausfallen. Natürlich können Sie im Notfall auch das Brautpaar selbst um ein paar zusätzliche Informationen bitten – Sie müssen dabei ja nicht erwähnen, dass Sie diese für eine Hochzeitszeitung brauchen.

Eines aber darf eine Hochzeitszeitung niemals sein: verletzend – weder gegenüber dem Brautpaar noch gegenüber anderen Gästen. Bei witzigen oder ironischen Texten oder Cartoons sollten Sie daher besonders darauf achten, niemals unter die Gürtellinie zu zielen. Auch Anzüglichkeiten und Zweideutiges sind in einer Hochzeitszeitung fehl am Platz.

Mit den persönlichen Informationen, die Sie über das Brautpaar gesammelt haben, werden Sie nun schon einen Großteil der Seiten füllen können. Haben Sie aber noch ein wenig Platz in Ihrer Hochzeitszeitung, so können Sie auch auf Sketche, Zitate aus bekannten Liedern oder Filmen, Aussprüche von berühmten Persönlichkeiten, Cartoons und Karikaturen zurückgreifen. Anregungen hierfür finden Sie nicht nur in diesem Buch, sondern auch im Internet. Nützliche Websites rund um die Themen Ehe, Hochzeit und Liebe sind im Anhang aufgelistet.

Wann wird die Hochzeitszeitung verteilt?

Einen idealen Zeitpunkt für das Verteilen der Hochzeitszeitung gibt es nicht – er hängt vielmehr vom individuellen Ablauf und Programm der Feier ab. Verteilen Sie die Zeitung zu früh, so müssen Sie damit rechnen, dass erst einmal alle Gäste darin blättern und andere Programmpunkte vielleicht untergehen. Wenn in der Zeitung Reden, Lieder oder Gedichte abgedruckt sind, die auf der Feier auch mündlich vorgetragen werden, so sollten Sie mit dem Verteilen auf jeden Fall bis nach dem Vortrag warten, denn sonst geht der Überraschungseffekt flöten.
Ein guter Zeitpunkt für das Verteilen der Hochzeitszeitung ist beispielsweise nach dem Essen, zum Beispiel zwischen Nachtisch und Kaffee. Wollen Sie dagegen Lieder vortragen, bei denen alle Gäste mitsingen sollen – zum Beispiel umgetextete Schlager oder allgemein bekannte Volkslieder –, so müssen die Gäste den Text auch in der Hand haben. Verteilen Sie in einem solchen Fall die Hochzeitszeitung rechtzeitig.

Der Inhalt oder Was auf jeden Fall in die Hochzeitszeitung gehört

In den folgenden Abschnitten finden Sie inhaltliche Versatzstücke, die in keiner Hochzeitszeitung fehlen sollten. Hier – wie auch bei den später folgenden Textbausteinen – haben Sie die Möglichkeit, diese inhaltlichen Elemente zu personalisieren und sie ganz auf die Brautleute zuzuschneiden: entweder indem Sie ihren Namen einsetzen oder indem Sie andere Begebenheiten aus ihrem Leben übernehmen.

Baby- und Kinderfotos

Für viel Erheiterung bei Brautpaar und Gästen sorgen immer Baby- und Kinderfotos von Braut und Bräutigam – je origineller, desto besser! Fragen Sie bei den Eltern der Brautleute nach – mit Sicherheit werden diese die eine oder andere Kost-

Diese Elemente sollten in keiner Hochzeitszeitung fehlen:

- Die persönlichen Daten der Brautleute (Steckbrief, Einzelheiten zu Familie, eventuell auch Stammbaum)
- Besondere Ereignisse im Leben des Brautpaars, zum Beispiel Kindheitserlebnisse, die erste Begegnung, aktuelle Geschichten aus dem Leben des Paars usw.
- Charakterzüge des Brautpaars, Vorlieben und Abneigungen, Hobbys usw.
- Historische Ereignisse, die sich am Datum des Hochzeits- oder Kennenlerntages zugetragen haben

barkeit gern zur Verfügung stellen. Diese Bilder stellen Sie dann unter einer Überschrift wie »Es war einmal ...« oder »Wie alles anfing ...« zu einer witzigen Collage zusammen.

Chronik des Hochzeitstages und der Feier

In einigen Jahren werden sich die Brautleute vielleicht fragen, wie denn gleich wieder das Lokal hieß, in dem sie ihre Hochzeit gefeiert haben, und wo genau die Hochzeitsfotos geschossen wurden. Und um wie viel Uhr fand eigentlich der Traugottesdienst statt? Nehmen Sie in die Festzeitung die Chronik der Hochzeitsfeier auf, sodass der Ablauf des Tages bei Brautpaar und Gästen in fester Erinnerung bleibt. Dies kann zum Beispiel so aussehen:

*Hochzeit von Petra und Klaus
am 04.06.2004 in Musterstadt*

11.00 Uhr: Kirchliche Trauung in der Kirche St. Michael
12.30 Uhr: Kaltes Büfett in der »Goldenen Gans«

> 15.00 Uhr: Fototermin im Stadtpark
> 16:30 Uhr: Kaffee und Kuchen im »Schlosserwirt«, danach Feier, Abendessen und Tanz

Ansprachen der Gäste

Bei den meisten Hochzeitsfeiern wird die eine oder andere Rede gehalten. In der Regel spricht der Brautvater zum frisch gebackenen Ehepaar, doch auch Trauzeugen, Geschwister, Großeltern, Freunde oder Kollegen nutzen gern die Gunst der Stunde, um dem Brautpaar ein paar gute Wünsche mit auf den Weg zu geben. Erkundigen Sie sich im Vorfeld, wer auf der Feier sprechen wird, und bitten Sie die Redner, Ihnen ihre Ansprachen zukommen zu lassen, sodass Sie sie in die Hochzeitszeitung aufnehmen können. Die Brautleute werden sich freuen, wenn sie die Reden später noch einmal im genauen Wortlaut nachlesen können.

Die Gästeliste

Gern wird sich das Brautpaar später auch daran erinnern, wer alles bei der Hochzeit mitgefeiert hat. Widmen Sie daher auch den Gästen ein oder zwei Seiten in der Hochzeitszeitung. Dazu müssen Sie vorher vom Brautpaar eine Gästeliste anfordern. Danach haben Sie zwei Möglichkeiten: Entweder schreiben Sie selbst die Namen der Gäste in die Zeitung, zum Beispiel: »Mitgefeiert haben die folgenden lieben Gäste: Tante Jutta, Onkel Friedrich, Peter Klein usw.« Oder aber die Gäste dürfen sich selbst in der Zeitung verewigen, mit Unterschriften, Fotos, Fingerabdrücken oder Ähnlichem.
Die zweite Möglichkeit erfordert einiges an organisatorischem Aufwand, da Sie Fotos und Unterschriften von den Gästen anfordern oder gar die betreffenden Zeitungsseiten per Post quer durch Deutschland schicken müssen. Kalkulieren Sie hier also

genug Zeit ein und rechnen Sie damit, öfter einmal nachhaken zu müssen.

Gratulationen und gute Wünsche

Natürlich übermitteln die Gäste dem Brautpaar ihre Glückwünsche in erster Linie persönlich – auf einer Karte oder von Angesicht zu Angesicht. Trotzdem ist es eine schöne Erinnerung, wenn die Gratulationen und guten Wünsche auch in der Hochzeitszeitung abgedruckt werden, denn so hat man sie alle auf einem Fleck und muss nicht in einem Stapel Karten herumkramen.

Natürlich ist es schwirig, alle Gäste im Vorfeld dazu zu bewegen, sich in der Hochzeitszeitung zu verewigen, doch das ist auch gar nicht unbedingt nötig. Halten Sie in dem Exemplar für das Brautpaar (meist wird es ja sowieso ein aufwändigeres Sonderexemplar sein) einfach ein paar Seiten frei und lassen Sie die Zeitung oder auch nur die einzelnen Blätter während der Feier herumgehen, sodass alle Gäste – von den Verwandten über Freunde bis hin zu Nachbarn und Kollegen – ein paar gute Wünsche für das Brautpaar hineinschreiben können.

Gedichte

Gedichte sind beliebte Gestaltungselemente, die auf fast keiner Hochzeitsfeier fehlen. Entweder werden bekannte Gedichte oder Lieder so umgetextet, dass sie auf das Brautpaar passen, oder man greift ganz auf ein bekanntes Liebesgedicht oder einen humorvollen Vortrag zurück (einige Beispiele hierfür finden Sie in Kapitel 3). Falls einige der Hochzeitsgäste einen solchen Vortrag planen, sollten Sie die Gedichte oder Lieder in die Hochzeitszeitung aufnehmen – so können Brautpaar und Gäste den Text zu Hause noch einmal in aller Ruhe nachlesen.

Weitere witzige Elemente für die Hochzeitszeitung

Neben diesen festen inhaltlichen Elementen gibt es noch eine ganze Reihe weiterer lustiger Ideen für Ihre Hochzeitszeitung. Passen Sie diese ganz individuell an Ihr Brautpaar an, damit die Zeitung auch wirklich persönlich wird.

Interview mit dem Brautpaar

Ein Interview mit dem Brautpaar findet sich häufig in Hochzeitszeitungen. Im Mittelpunkt stehen dabei Fragen wie:
- Wie habt ihr euch kennen gelernt?
- Was war euer erster Eindruck von der zukünftigen Ehefrau/ vom zukünftigen Ehemann?
- Wie lief der Heiratsantrag ab?
- Was liebst du besonders an ihm/ihr?
- Stört dich vielleicht etwas an ihm/ihr?
- Was sind eure Wünsche für die Zukunft?

Der Clou dabei ist natürlich, dass das Brautpaar getrennt voneinander befragt wird, denn es ist immer interessant, zwei verschiedene Antworten auf dieselbe Frage zu hören. Organisieren Sie das Interview auch so, dass das Paar keine Möglichkeit hat, sich vorher miteinander abzusprechen – zum Beispiel, indem Sie die beiden Partner am jeweiligen Arbeitsplatz anrufen, und zwar am gleichen Tag.
Am besten ist es natürlich, wenn Sie die gewünschten Informationen den Brautleuten so diplomatisch entlocken, dass diese gar nicht mitbekommen, worauf all das hinausläuft – doch das erfordert einiges journalistisches Fingerspitzengefühl.

Horoskop

Sicher wissen Sie, welches Sternzeichen die Brautleute haben. Wenn nicht, sollten Sie es so schnell wie möglich in Erfahrung bringen, denn man kann diese Information wunderbar für eine

Hochzeitszeitung nutzen. Zum einen können Sie bei einer Astrologin ein seriöses Partnerschaftshoroskop anfertigen lassen – besonders Paare, die sich für Astrologie interessieren, werden sich über ein solches Geschenk freuen. Außerdem gibt es jede Menge astrologische Ratgeber, aus denen Sie die wichtigen Eigenschaften der jeweiligen Sternzeichen für die Hochzeitszeitung übernehmen können. Zum anderen können Sie mit den Sternzeichen aber auch einigen Schabernack treiben und Ihre eigenen Interpretationen und Deutungen liefern. Einige Beispiel hierzu finden Sie im Abschnitt »Textbausteine für die Hochzeitszeitung«.

Tipp: Es muss nicht immer ein Horoskop mit den landläufigen Tierkreiszeichen sein. Wie wäre es stattdessen einmal mit einem indianischen, chinesischen oder einem keltischen Horoskop? Entsprechende Literatur finden Sie im Buchhandel.

Silben- oder Kreuzworträtsel

Wer gern knifflt und knobelt, kann sein eigenes Silben- oder Kreuzworträtsel entwerfen, in dem sich die zu erratenden Begriffe natürlich rund um die Themen Hochzeit und Ehe sowie um das Brautpaar drehen. Ein Tipp für Bastler: Das Silbenrätsel ist die leichtere der beiden Varianten!
Suchen Sie nach Begriffen wie »Geburtsort von Klaus, dem Ehemann« (zum Beispiel »Mönchengladbach«), »Heute abgelegtes Gelöbnis« (Eheversprechen) oder »Ziel der Hochzeitsreise« (Malediven). Je mehr Sie über das Brautpaar wissen, umso leichter wird Ihnen diese Aufgabe fallen!

Kleinanzeigen

Jede vernünftige Tageszeitung hat einen Anzeigenteil – er sollte also auch in Ihrer Hochzeitszeitung nicht fehlen. Egal, ob die Annoncen nun in der Rubrik »Verkäufe«, »Gesuche« oder »Vermischtes« stehen, Thema sind dabei immer die Brautleute.

Formulieren Sie die Anzeigen ruhig ein wenig überspitzt (allerdings ohne dabei verletzend zu werden), dann haben Sie die Lacher ganz gewiss auf Ihrer Seite. Einige Beispiele für Kleinanzeigen finden Sie im folgenden Kasten.

> *Beispiele für Kleinanzeigen*
>
> Automarkt: Verkaufe flotten Porsche, Zweisitzer, nur in gute Hände abzugeben. Suche stattdessen familientauglichen Kombi. Tel. 11 11 11.
>
> Nudelholz gesucht, sollte zum Verprügeln von untreuen Ehemännern geeignet sein. Tel. 22 22 22
>
> Tausche Lotterbett gegen Ehebett. Tel. 33 33 33.
>
> Junges Paar sucht Mitfahrgelegenheit in den siebten Himmel. Tel. 44 44 44
>
> Kater abzugeben. Ab morgen früh bei diversen Hochzeitsgästen.
>
> Suche starke Männer, die mir helfen, meine Braut über die Schwelle zu tragen (ich muss mich schließlich für die Hochzeitsnacht schonen). Tel. 55 55 55
>
> Vermisst: Am (Datum des Kennenlernens) wurde mir mein Herz gestohlen. Der Dieb sieht in etwa so aus: (Beschreibung des Bräutigams). Wer kann helfen? Tel. 66 66 66

Je mehr Sie über das Brautpaar wissen, desto leichter werden Ihnen witzige Anzeigentexte einfallen.

Textbausteine für die Hochzeitszeitung

Im Folgenden finden Sie einige Textbausteine für die Hochzeitszeitung, die Sie entweder komplett übernehmen oder auf Ihr Brautpaar zuschneiden können.

Hochzeitsjubiläen

Liebes Brautpaar, wisst ihr eigentlich, was da auf euch zukommt? Viele schöne Hochzeitstage, und zwar:

Trauung	grüne Hochzeit
1 Jahr	baumwollene Hochzeit
3 Jahre	lederne Hochzeit
5 Jahre	hölzerne Hochzeit
6 $^1/_2$ Jahre	zinnerne Hochzeit
7 Jahre	kupferne Hochzeit
8 Jahre	blecherne Hochzeit
10 Jahre	Rosenhochzeit
12 $^1/_2$ Jahre	Nickelhochzeit
15 Jahre	gläserne Hochzeit
20 Jahre	Porzellanhochzeit
25 Jahre	Silberhochzeit
30 Jahre	Perlenhochzeit
35 Jahre	Leinwandhochzeit
37 $^1/_2$ Jahre	Aluminiumhochzeit
40 Jahre	Rubinhochzeit
50 Jahre	goldene Hochzeit
60 Jahre	diamantene Hochzeit
65 Jahre	eiserne Hochzeit
67 $^1/_2$ Jahre	steinerne Hochzeit
70 Jahre	Gnadenhochzeit
75 Jahre	Kronjuwelenhochzeit

Horoskop

Wassermann: Geschickt haben Sie Ihr Netz ausgeworfen und den Fang Ihres Lebens gemacht. Nun kommt die schwierige Aufgabe: Sie müssen ihn auch festhalten!
Fische: Manchmal muss man einfach den Sprung ins kalte Wasser wagen. Nur zu! Den ersten Schritt dazu haben Sie heute bereits gemacht.
Widder: Hoffentlich haben Sie sich Ihre Hörner schon abgestoßen – sonst sieht Ihre Zukunft nicht gerade rosig aus.
Stier: Sehen Sie nicht immer rot, man muss doch nicht gleich mit dem Kopf durch die Wand.
Zwillinge: Vielleicht in neun Monaten? Machen Sie sich heute noch ans Werk!
Löwe: Gut gebrüllt haben Sie Ihr »Ja«. Deshalb sind Sie auch der König/die Königin des heutigen Festes.
Jungfrau: Nicht mehr lange!
Waage: Legen Sie nicht jedes Wort Ihres Partners auf die Goldwaage. Ausgeglichenheit ist jetzt gefragt.
Skorpion: Halten Sie Ihren Stachel im Zaum.
Schütze: Mitten ins Herz getroffen – herzlichen Glückwunsch!
Steinbock: Leichtfüßig springen Sie von Stein zu Stein, mitten in die Ehe hinein!

Wetterbericht

Heute Vormittag wird sich Reif auf zwei Finger legen, danach hagelt es voraussichtlich gute Wünsche und Geschenke. Fotoblitze bringen vorübergehend Wetterleuchten in die Augen. Gegen Abend steigen die Temperaturen stetig an, vereinzelt können sich Benebelungen bilden. Leider kann man für die Zukunft Turbulenzen nicht ganz ausschließen, doch werden dunkle Wolken schnell von einem Liebessturm hinweggefegt werden.

In- und Out-Listen

Für die Braut:

In	Out
Sparen für einen Kinderwagen	das 50. Paar Schuhe
Oropax (der Bräutigam schnarcht)	Nudelholz
(Name des Bräutigams)	George Clooney
Fußball	*Sex and the City*
Baumärkte	Boutiquen

Für den Bräutigam:

In	Out
Familienkutsche	Porsche
Titanic	Fußball-Bundesliga
Candle-Light-Dinner	Männerabend
Kuschelrock-CD	Metallica
Kräutertee	Dosenbier

Liebesgedicht

Es lebt der Eisbär in Sibirien,
es lebt in Afrika das Gnu,
es lebt der Säufer in Delirien,
in meinem Herzen lebst nur du.

Es schwimmt im Meere die Blondine,
die Badefrau, die sieht ihr zu,
es schwimmt im Öle die Sardine,
in meinem Herzen schwimmst nur du!

Es knickt im Sturm die starke Kiefer,
es knickt das Gras die bunte Kuh,
es knickt die Magd das Ungeziefer,
mein armes Herz, das knickst nur du!

Es sitzt der Kutscher auf dem Bocke,
der Wilde sitzt in dem Kanu,
es sitzt die Laus wohl an der Locke,
in meinem Herzen sitzt nur du!

Es spuckt der Bäcker in die Hände,
es spuckt die Köchin ins Ragout,
es spuckt der Lausbub an die Wände,
in meinem Herzen spukst nur du!

Es haut der Förster seine Föhren,
es haut die Magd die Türe zu,
es haut der Lehrer seine Gören,
in meinem Herzen haust nur du!

Aus Eimern säuft des Esels Stute,
der Säufer säuft ohn' Rast und Ruh,
der Jüngling säuft im Übermute,
in meinem Herzen seufzt nur du!

Es bricht im Glase sich der Funke,
die Nacht bricht an zu kühler Ruh,
es bricht der Jüngling nach dem Trunke,
mein armes Herze brichst nur du!
Volksmund

Punktespiel für Männer

In der Welt der Liebe gibt es nur eine Regel – machen Sie Ihre Frau glücklich! Und das geht so: Tun Sie etwas, das sie mag, und Sie bekommen dafür Punkte. Tun Sie etwas, das sie nicht mag, und Sie verlieren Punkte. Tun Sie etwas, das sie zwar mag, aber auch erwartet, und Sie bekommen dafür keine Punkte (sorry!).

1. Einfache Pflichten:

Sie machen das Bett.	+1
Sie machen das Bett, vergessen aber die Zierkissen.	0
Sie werfen einfach die Bettdecke über zerknautschte Laken.	−1
Sie lassen den Toilettendeckel oben.	−5
Sie ersetzen die leere Rolle Toilettenpapier.	0
Wenn die Rolle leer ist, steigen Sie eben auf Taschentücher um.	−1
Wenn auch die Taschentücher alle sind, gehen Sie ins andere Badezimmer.	−2
Sie gehen für sie extradünne Binden mit Flügeln kaufen.	+5
Im Schneesturm.	+8
Sie kommen mit Bier zurück.	−5
Sie kommen mit Bier zurück, aber ohne Binden.	−25
Sie überprüfen nachts ein ihr verdächtiges Geräusch.	0
Ohne etwas zu finden.	0
Sie finden etwas.	+5
Sie erschlagen es mit dem Golfschläger.	+10
Es war ihre Katze.	−40

2. Soziale Verpflichtungen:

Sie bleiben die ganze Party über an ihrer Seite.	0
Sie bleiben eine Weile an ihrer Seite und gehen dann zu einem Kollegen.	−1
Der Kollege heißt Sabrina.	−4
Sabrina ist Tänzerin.	−6
Mit Brustimplantaten.	−18
An ihrem Geburtstag führen Sie sie zum Essen aus.	0
Es ist kein Schnellimbiss.	+1

Es ist ein Schnellimbiss.	−2
Es ist eine Sportkneipe.	−3
Mit Live-Übertragung.	−10
Und Sie haben Ihr Gesicht in den Vereinsfarben bemalt.	−50
Sie gehen mit einem Freund aus.	−5
Ihr Freund ist glücklich verheiratet.	−4
Oder Single.	−7
Er fährt einen Sportwagen.	−10
Einen italienischen.	−25
Sie gehen mit ihr ins Kino.	0
In einen Film, den sie mag.	+1
In einen Film, den Sie hassen.	+5
In einen Film, den Sie mögen.	−2
In einen Film, in dem Cyborgs Menschen fressen.	−9
Sie lügen sie vorher an und sagen, es sei ein Liebesfilm.	−15

3. Ihr Aussehen:

Sie entwickeln einen sichtbaren Bauchansatz.	−10
Aber Sie trainieren, um ihn loszuwerden.	+8
Sie entwickeln einen sichtbaren Bauchansatz und steigen um auf Hosenträger.	−25
Und tragen Hawaii-Hemden.	−35
Sie sagen: Das macht nichts, weil sie auch einen Bauch hat.	−800

4. Ihre ultimative Frage: »Bin ich dick?«

Sie zögern mit der Antwort.	−10
Sie fragen: »Wo genau?«	−35
Jede andere Antwort.	−20

5. Kommunikation:

Sie hören ihr zu.	0
Und versuchen dabei, konzentriert auszusehen.	−10
30 Minuten lang.	+5

30 Minuten während der »Sportschau«.	+12
Ohne ein einziges Mal auf den Bildschirm zu sehen.	+100
Bis sie merkt, dass Sie eingeschlafen sind.	−200

Dies sind nur einige Beispiele. Der komplette Leitfaden für das Zusammenleben der Geschlechter ist im Buchhandel (extrem teuer) bzw. bei den Standesämtern (kostenlos) erhältlich und unbedingt empfehlenswert, wenn Sie auf eine gute Beziehung Wert legen.

Komplett in Ihrem Besitz.	+1
Aber aus dem Buchladen.	+3
Nicht in Ihrem Besitz.	−10
Nie gehört.	−999

Auswertung (Achtung – positive Punkte verfallen nach zwei Tagen, negative Punkte verjähren nie):

Weniger als −1000 Punkte: Sie haben gar keine Beziehung mehr, geschweige denn eine Ehe.
−999 bis −100 Punkte: Das wird teuer!
0 bis 10 Punkte: Stellen Sie sich auf chronische Migräne ein.
11 bis 15 Punkte: Sie müssen mit ihr tanzen gehen.
16 bis 20 Punkte: Sie dürfen mit ihr tanzen gehen.
21 bis 50 Punkte: Sex rückt in den Bereich des Möglichen.
51 bis 80 Punkte: Sex! (Oder was sie dafür hält.)
Mehr als 80 Punkte: Die Beziehung ist leider im Eimer – weil sie mit so einem Weichei nicht glücklich werden kann!

Die zehn Gebote für den Ehestand

Ihr sollt fröhlich sein und nie ver-1-amen.
Ihr sollt nicht ver-2-feln.
Ihr sollt nicht 3-st zueinander sein.
Ihr sollt stets den Partner ho-4-ren.
Ihr sollt auch mal alle 5 gerade sein lassen.

Ihr sollt ein harmonisches 6-ualleben führen.
Ihr sollt eure 7 Sachen nicht verschlampen.
Ihr sollt 8 geben, dass ihr gesund bleibt.
Ihr sollt nicht 9-malklug werden.
Ihr sollt euch nicht die 10-e zeigen.

Psychotest: Sind Sie bereit für das Eheleben?

Lesen Sie sich alle Fragen gut durch und kreuzen Sie dann die Antwort an, die Ihrer Meinung am ehesten entspricht.

1. *Was verbinden Sie mit dem Begriff »Hochzeit«?*
   a) Lebenslange Haft.
   b) Das wurde aber auch höchste Zeit!
   c) Gutes Essen, jede Menge Alkohol und viele Geschenke.

2. *Wie stellen Sie sich Ihren Traumpartner vor?*
   a) (Beschreibung der Braut).
   b) (Beschreibung des Bräutigams).
   c) Pamela Anderson/Brad Pitt.

3. *Wohin soll die Hochzeitsreise gehen?*
   a) (Ziel der Hochzeitsreise).
   b) Hochzeitsreise? Braucht man das?
   c) In Mamis Gästezimmer.

4. *Wen hätten Sie gern zu Ihrer Hochzeit eingeladen?*
   a) (Lieblingsschauspieler von Braut und Bräutigam).
   b) Alle lieben Verwandten und Freunde.
   c) Das aktuelle Playmate des Monats.

5. *Welche Eigenschaften soll Ihr Traumpartner mitbringen?*
   a) Millionär, 88 Jahre, herzkrank.
   b) 90-60-90.
   c) (Typische Eigenschaften der Braut).
   d) (Typische Eigenschaften des Bräutigams).

6. *Wie wollen Sie Ihre Hochzeitsnacht verbringen?*
   a) Wurde aus Gründen des Jugendschutzes zensiert.
   b) In der Ausnüchterungszelle.
   c) Geht Sie doch nichts an!

7. *Was ist Ihre Vorstellung von einem perfekten Abend?*
   a) Fußball, Dosenbier und eine Menge Freunde.
   b) Cocktails in der Lieblingsbar und Lästern über Männer.
   c) Candle-Light-Dinner mit ihm/ihr.

8. *Wie haben Sie Ihren Partner kennen gelernt?*
   a) Heiratsinstitut.
   b) Aus dem Katalog bestellt.
   c) (Tatsächliches Kennenlernen des Paares).

9. *Wer bezahlt die Feier?*
   a) Die Lotteriegesellschaft.
   b) Wir beide mit unseren Familien.
   c) Das Sozialamt.

10. *Und schließlich: Wie fühlen Sie sich am heutigen Tag?*
    a) Superglücklich!
    b) Was für ein Tag ist denn heute?
    c) O Gott, hab ich Kopfweh!

Auswertung

Frage	A	B	C	D
1.	0	10	0	
2.	10	10	5	
3.	10	0	0	
4.	5	10	0	
5.	0	0	10	10
6.	10	0	5	
7.	0	0	10	
8.	5	0	10	
9.	10	10	5	
10.	10	0	5	

Zählen Sie nun Ihre Punkte zusammen:

Weniger als 15 Punkte:
Sind Sie sicher, dass Sie auf der richtigen Veranstaltung sind? Eigentlich wollten Sie doch zur Versammlung der Harley-Davidson-Fans bzw. zu einer Schönheitskonkurrenz! Und jetzt wundern Sie sich, was Sie da für einen Ring am Finger haben, oder?

20 bis 75 Punkte:
Na ja, Sie wollten sich wohl ein paar steuerliche Vorteile erschleichen und hatten Angst, als alte Jungfer oder verschrobener alter Knacker zu enden. Da haben Sie halt mal ein bisschen geheiratet. Und was kommt als Nächstes? Ein bisschen schwanger vielleicht?

80 bis 100 Punkte:
Herzlichen Glückwunsch! Sie wissen nicht nur genau, dass und warum Sie heute geheiratet haben, sondern haben mit Ihrem Partner auch noch das große Los gezogen. Ob Sie bereit fürs Eheleben sind? Aber sicher! Alles Gute für die Zukunft!

Fernsehprogramm

Fernsehprogramm vom (Datum der Hochzeit)

10.00 Talkshow. »Hilfe, meine Freundin will heiraten!«
11.00 Talkshow. »Ich weiß, wie man Männer/Frauen glücklich macht!«
12.00 *Big Brother.* »Intime Einblicke ins Leben von (Namen der Brautleute)«
13.00 Casting-Show: *(Name der Braut) sucht den Superstar*
14.00 Serie: *Emergency Room.* »Der Morgen nach der Hochzeitsfeier«

15.00 Justizshow: *Das Strafgericht.* »Das passiert, wenn du fremdgehst!«
16.00 Justizshow: *Richter Alexander Hold.* »Verurteilt zu lebenslänglich!«
17.00 Show: *Kochduell.* »Tiefkühlpizza gegen Vier-Gänge-Menü«
18.00 Serie: *Verbotene Liebe.* »Jetzt endlich legal!«
18.30 Serie: *Sex and the City*
19.00 Serie: *Gute Zeiten, schlechte Zeiten*
20:00 Spielfilm: *Eine verhängnisvolle Affäre*
22.00 Spielfilm: *Schlaflos in (Heimatort des Brautpaars)* (ab 18)
00.00 *Exklusiv – die Reportage.* »Saufen, Sex und Schnarchen: So geht es zu in deutschen Ehebetten«

Zitate und Lebensweisheiten

Einer allein ist nicht einmal gut im Paradiese.
Aus Italien

Was aus Liebe getan wird,
geschieht immer jenseits von Gut und Böse.
Friedrich Nietzsche

Als Junggeselle ist der Mann ein Pfau,
als Bräutigam ein Löwe
und als Verheirateter ein Esel.
Aus Spanien

Die Liebe ist das Wohlgefallen am Guten,
das Gute ist der einzige Grund der Liebe.
Lieben heißt, jemandem Gutes tun zu wollen.
Thomas von Aquin

Das Hohelied der Liebe

Die Liebe ist langmütig,
die Liebe ist gütig.
Sie ereifert sich nicht,
sie prahlt nicht,
sie bläht sich nicht auf.
Sie handelt nicht ungehörig,
sucht nicht ihren Vorteil,
lässt sich nicht zum Zorn reizen,
trägt das Böse nicht nach.
Sie freut sich nicht über das Unrecht,
sondern freut sich an der Wahrheit.
Sie erträgt alles,
glaubt alles, hofft alles,
hält allem stand.
Die Liebe hört niemals auf.
1. Korinther 13,4–8

Die Liebe ist die Köchin des Lebens:
Sie macht es erst schmackhaft, doch sie versalzt es auch oft.
Lebensweisheit

Lieben heißt, das Glück denen zu geben,
die man liebt, und nicht sich selbst.
Alexandre Dumas

In der Ehe muss man sich manchmal streiten,
nur so erfährt man was voneinander.
Johann Wolfgang von Goethe

Die Liebe ist eine Dummheit, die zu zweit begangen wird.
Napoleon

Falsche Liebe fürchtet die Ehe, echte sucht sie.
Peter Rosegger

Liebe ist etwas Ideelles,
Heiraten etwas Reelles.
Und nie verwechselt man ungestraft
das eine mit dem anderen.
Johann Wolfgang von Goethe

Wer sich am Ehebett sättigt, der genießt's,
wer bei anderen schleckt, der büßt's.
Volksmund

Manche Ehe ist wie eine lebenslängliche Doppelhaft
ohne Bewährungsfrist und ohne Strafaufschub, verschärft
durch Fasten und gemeinsames Lager.
Jean-Paul Sartre

Die Ehe ist genau so viel wert als die, welche sie schließen.
Friedrich Nietzsche

Vertrauen und Achtung, das sind die beiden unzertrennlichen
Grundpfeiler der Liebe, ohne welche sie nicht bestehen kann.
Heinrich von Kleist

Die Ehe ist der Anfang und Gipfel aller Kultur.
Johann Wolfgang von Goethe

Frauen sind da, um geliebt zu werden,
nicht um verstanden zu werden.
Oscar Wilde

Heirate oder heirate nicht.
Du wirst es in jedem Fall bereuen.
Sokrates

Es gibt zwei Zeitpunkte, zu denen ein Mann
eine Frau nicht versteht – vor und nach der Hochzeit.
Unbekannt

6. KAPITEL

Spiele und Einlagen zur Gestaltung der Hochzeitsfeier

Bei einer Hochzeit muss es nicht immer todernst zugehen – es darf auch gespielt werden! Spieler sind dabei entweder die Brautleute selbst oder auch einige Gäste. So gibt es zum Beispiel Spiele, bei denen die Gäste auf originelle Weise miteinander bekannt gemacht werden oder ihr Wissen über das Brautpaar unter Beweis stellen müssen. Schließlich können Sie Brautpaar und Gäste auch durch Fotoaktionen oder das Engagement eines professionellen Entertainers unterhalten. Einige Tipps und Anregungen, wie Sie eine Hochzeitsfeier mit Spielen und Einlagen auflockern können, erhalten Sie in diesem Kapitel.

Achtung! Spiele auf Hochzeitsfeiern sollen immer der Erheiterung und der Auflockerung der Atmosphäre dienen. Es darf, ja es soll sogar gelacht werden, doch sollten Sie niemals das Brautpaar oder andere Gäste bloßstellen oder mit Ihren Witzen unter die Gürtellinie zielen.

Spiele für das Brautpaar

Ganz klar, am liebsten wird auf einer Hochzeitsfeier natürlich mit dem Brautpaar gespielt. Fragen Sie Braut und Bräutigam aber vorher, ob sie bei solchen Spielen überhaupt mitmachen wollen. Nicht jedes Paar liebt diese Spielchen und wird sich daher nicht unbedingt freuen, wenn es ausgerechnet an seinem Hochzeitstag dazu gezwungen wird. Und auch den Gästen macht es keinen Spaß, einem Spiel mit widerwilligen Akteuren beizuwohnen. In den meisten Fällen ist das Brautpaar aber nur allzu gern dabei – ein paar Anregungen für Spiele mit den Brautleuten finden Sie daher in den folgenden Abschnitten.

Wie gut kennen wir uns wirklich?

Bei diesem Spiel soll getestet werden, wie gut sich das frisch gebackene Ehepaar tatsächlich kennt. Braut und Bräutigam sitzen auf zwei Stühlen mit dem Rücken zueinander. Jeder der beiden hat zwei Pappherzen in der Hand, auf denen die Anfangsbuchstaben ihrer Vornamen stehen – also zum Beispiel ein blaues Herz mit einem »K« für Klaus und ein rotes Herz mit einem »P« für Petra. Es können aber auch andere Gegenstände verwendet werden, die eindeutig als männlich oder weiblich zu identifizieren sind, zum Beispiel Turnschuh und Stöckelschuh oder Schraubenzieher und Nudelholz usw. Nun brauchen Sie noch einen Quizmaster, der dem Brautpaar die Fragen stellt. Typische Fragen für dieses Spiel sind unter anderem:

- Wer hat den ersten Schritt gemacht?
- Wer hat zuerst geküsst?
- Wer braucht morgens am längsten im Bad?
- Wer trägt den Müll herunter?
- Wer holt samstags die Brötchen?
- Wer schläft länger?
- Wer schnarcht?
- Wer verwaltet die Finanzen?

Als Antwort halten die Brautleute das jeweilige Herz, den Schuh oder den sonstigen Gegenstand in die Höhe. Für jede Übereinstimmung gibt es einen Punkt.
Am Ende steht die Auswertung, die zum Beispiel so aussehen kann:

Zehn bis acht Punkte: Ihr kennt euch wirklich in- und auswendig! Zur Belohnung bekommt ihr einen Gutschein für ein Abendessen beim Nobelitaliener.

Sieben bis vier Punkte: Schon ganz gut, aber ihr solltet doch ein bisschen mehr Zeit miteinander verbringen. Deshalb bekommt ihr einen Gutschein für ein Abendessen beim Nobelitaliener.

Drei bis null Punkte: Ihr müsst euch schon noch ein wenig mehr miteinander befassen. Damit euch das auch gelingt, bekommt ihr einen Gutschein für ein Abendessen beim Nobelitaliener.

Wer ist denn nun mein Partner?

Natürlich weiß eine Braut im Allgemeinen ganz gut, wen sie da gerade geheiratet hat. Doch kann sie ihren frisch angetrauten Ehemann auch mit verbundenen Augen erkennen, wenn sie nur seine nackten Waden ertasten darf? Finden Sie es heraus! Dazu brauchen Sie noch ein paar männliche Hochzeitsgäste, die ihre Beine zur Verfügung stellen, ein Tuch als Augenbinde – und schon kann's losgehen!
Das Gleiche funktioniert natürlich auch umgekehrt: Der Bräutigam darf ebenfalls gern versuchen, seine Braut an den Waden zu erkennen.

Wer wird Millionär?

Keine Angst, Sie brauchen für dieses Spiel nicht Günther Jauch als Quizmaster zu engagieren, Sie können es auch ohne ihn ganz einfach durchführen. Die Kandidaten sind natürlich Braut und Bräutigam, und zwar nacheinander. Stellen Sie der Braut Fragen über ihren frisch angetrauten Ehemann und umgekehrt. Wie im Fernsehen auch stehen dabei vier mögliche Antworten zur Auswahl.

Fragen für »Wer wird Millionär?«

Wo verbrachte Klaus seinen ersten Urlaub?
a) Mallorca
b) Rimini
c) Disneyland
d) Amrum

Was ist Petras Lieblingsspeise?
a) Spaghetti mit Tomatensauce
b) Eisbein mit Sauerkraut
c) Schweinebraten mit Knödel
d) Erbsensuppe

Wer ist Klaus' Traumfrau?
a) Pamela Anderson
b) Jennifer Lopez
c) Kylie Minogue
d) Petra

Wie viele Paar Schuhe hat Petra?
a) zwei
b) vier
c) 15
d) unzählbar

Die Fragen oder Antworten können Sie entweder vorlesen oder – damit das Ganze etwas professioneller wirkt – auf Folien drucken und mit Hilfe eines Overheadprojektors auf eine Leinwand projizieren. Dann müssen Sie sich nur noch einen geeigneten Preis überlegen. Zugegeben: Eine Million Euro werden Sie beim besten Willen nicht zusammenbekommen, aber wie wäre es stattdessen mit einer Million türkische Lira, umgerechnet in Euro? Das sind nach dem Wechselkurs vom Juni 2003 nämlich nur 60 Cent!

Gerichtsshow

Auch hier brauchen Sie weder Barbara Salesch noch Alexander Hold, um das Spiel durchzuführen. Der Richter sind in diesem Fall Sie selbst, und Ihre Schöffen wählen Sie sich aus den übrigen Hochzeitsgästen. Angeklagt ist natürlich der Bräutigam, und zwar wegen Diebstahls, denn er hat der Braut ihr

Herz gestohlen. Verteidigen muss er sich hierbei schon selbst, ein Rechtsanwalt steht ihm dabei nicht zur Seite. Ganz klar, dass auch das »arme« Opfer verhört wird; doch wie sich herausstellt, ist die Braut auch nicht ganz unschuldig. Sie hat nämlich dem Bräutigam ganz gehörig den Kopf verdreht und sich somit der schweren Körperverletzung schuldig gemacht. Vielleicht findet sich unter den Gästen auch noch der eine oder andere Zeuge, der diese unerhörten Vorgänge bestätigen kann? Und was ist das Ergebnis dieses Prozesses? Ganz klar, das Brautpaar wird verurteilt, und zwar zu »lebenslänglich«!

Talkshow

Die Abgründe der Fernsehlandschaft sind tief – und bringen die eine oder andere Anregung für Hochzeitsfeiern mit sich. Wie wäre es also einmal mit einer Talkshow, in der das Brautpaar über sein Leben und Lieben Auskunft gibt? Dazu brauchen Sie einen Talkmaster und natürlich ein Brautpaar, das auch gewillt ist, bei einem solchen Spiel mitzumachen. Der Talkmaster sollte sich im Vorfeld die Fragen überlegen, damit keine peinlichen Gesprächspausen entstehen. Auch sollte er die Brautleute gut kennen, sodass er die eine oder andere Information aus ihnen herauskitzeln und gut improvisieren kann.

Wie Sie die Talkshow im Einzelnen gestalten, bleibt Ihnen überlassen. Sie können ganz seriös à la Biolek oder Johannes B. Kerner vorgehen und die Brautleute sachlich zu ihrem Leben und den Meilensteinen ihrer Beziehung interviewen. Dazu können Sie zum Beispiel folgende Fragen stellen:

- Wie habt ihr euch kennen gelernt?
- War es Liebe auf den ersten Blick?
- Klaus, was war dein erster Eindruck von Petra?
- Und Petra, ging es dir genauso?
- Wie lief der Heiratsantrag ab?
- Warst du nervös, Klaus?
- Wann habt ihr gemerkt, dass ihr den Partner fürs Leben gefunden habt?

- Welche Eigenschaften liebst du an deinem Mann/deiner Frau besonders?
- Und gibt es etwas, das dich an ihm/ihr stört?
- Was sind eure Pläne für die Zukunft?

Sicher werden Ihnen noch eine ganze Menge solcher Fragen einfallen.
Sie können aber auch eher in Richtung »Krawall-Talkshow« gehen und sich ein provokanteres Thema suchen. Dies könnte zum Beispiel sein:
- »Heute will ich es wissen: Zeig mir endlich, dass du mich liebst!«
- »Du hast mein Herz gebrochen. Was fällt dir eigentlich ein?«
- »Hilfe, ich bin verheiratet! Was jetzt?«

Hier kommt es auf das Improvisationstalent von Talkmaster und Brautpaar an, denn nicht jeder ist für eine solche Talkshow geeignet. Achten Sie auch darauf, dass die Themen nicht unter die Gürtellinie gehen.

Blick in die Zukunft

Plötzlich taucht ein ungeladener Gast auf der Hochzeitsfeier auf: Madame Magic, eine geheimnisvolle Frau in wallenden Gewändern, mit wildem Haar, einem exotischen Akzent – und mit einer großen Kristallkugel im Gepäck. Madame Magic sind natürlich Sie, nachdem Sie in einem unbeobachteten Moment in einen Nebenraum entschwunden sind und sich blitzschnell umgezogen haben. Am festlich geschmückten Tisch sagen Sie dem Brautpaar dann die Zukunft voraus. Je mehr Madame Magic über die Zukunftspläne und -wünsche von Braut und Bräutigam weiß, umso leichter wird ihr dies fallen: »Hm, lassen Sie mich einmal sehen. Ihnen steht eine große Reise ins Haus. Ich sehe türkisblaues Meer, Palmen und weißen Sand. Doch was ist das? Dunkle Wolken? Nein, es ist nur ein Tourist, dessen Bierbauch sich vorübergehend zwischen Sie und die Sonne geschoben hat. Und jetzt? Hagelt es Steine vom Himmel? O nein, eine Ko-

kosnuss fiel von der Palme, nehmen Sie sich in Acht! Und weiter in der Zukunft? Da ist ein Tier, ein gefährliches Tier. Ein Vogel? Ja, ein Vogel, mit schwarzweißem Gefieder und einem spitzen orangefabenen Schnabel ... Er stürzt sich auf Petra, will sie ins Bein beißen ... Ist das etwa ein Storch? Seien Sie auf der Hut!« Und so weiter und so fort.
Bleiben Sie mit Ihren »Prognosen« aber stets positiv und optimistisch, niemand will an seinem Hochzeitstag hören, dass der frisch angetraute Partner in vier Jahren von einem Bus überfahren wird und die Braut mit drei Kindern allein dasteht und von der Sozialhilfe leben muss.

Die gefangene Braut

Vielleicht ist die Braut ja bereits entführt worden (siehe Kapitel 7), doch ihre Qualen sind noch lange nicht beendet: Nun stürmen nämlich vier Junggesellen herein, die die Braut gefangen nehmen und sie mit einem Tuch an einen Stuhl fesseln. Will der Bräutigam seine Angetraute zurückhaben, so muss er beweisen, dass er sie wirklich liebt, und allerlei Aufgaben bewältigen. Das kann zum Beispiel sein:
- der Braut ein Ständchen singen
- auf Rollschuhen oder Inlineskates eine Runde um den Saal fahren
- sich eine fantasievolle Liebeserklärung ausdenken
- einen Knopf annähen.

Na, fallen Ihnen noch weitere knifflige Aufgaben ein?

Spiele für die Gäste

Nicht nur das Brautpaar spielt gern: Natürlich können auch die Gäste in diese Aktivitäten einbezogen werden. Ideen, wie Sie auch die Gäste zum Spielen animieren, erhalten Sie in den folgenden Abschnitten.

Vorstellung der Gäste

Nicht immer kennen sich alle Gäste einer Hochzeitsfeier untereinander: Je größer die Zahl der Verwandten und Bekannten des Brautpaars ist, desto mehr Unbekannte werden Ihnen auf der Feier begegnen. Das muss jedoch nicht so bleiben. Natürlich kann sich jeder Gast selbst kurz vorstellen, zum Beispiel nach dem Essen, oder Sie können für jeden einen Anstecker mit Namen und Funktion bereithalten, zum Beispiel »Sandra, Kollegin von Petra« oder »Martin, Sandkastenfreund von Klaus«.
Doch warum überlassen Sie die Arbeit nicht den Gästen selbst? Die Festbesucher sollen sich selbst vorstellen! Allerdings erzählt hierbei nicht jeder etwas über sich selbst, sondern über die Person, die neben ihm sitzt. Es ist erstaunlich, was hier so alles zu Tage kommen wird!

Vornamenkreis

Bei einer großen Hochzeitsfeier, auf der viele verschiedene Menschen zusammenkommen, die sich noch nicht kennen, besteht leicht die Gefahr, dass sich einzelne Grüppchen bilden und sich die Gäste nicht vermischen: Die Freunde und Kollegen der Braut bleiben unter sich, ebenso wie die des Bräutigams. Das ist schade, denn eine Hochzeit ist immer auch eine gute Gelegenheit, Menschen kennen zu lernen. Wenn sich also die Gäste nicht selbst unters Volk mischen, müssen eben Sie mit einem Spiel dafür sorgen.
Eine gute Idee, wie Sie alle Gäste dazu bekommen, sich vorzustellen und ihren Bekanntenkreis zu erweitern, ist es, ihnen eine kleine, nicht allzu schwierige Aufgabe zu stellen. Bitten Sie die Gäste, einen Kreis zu bilden und sich dabei in der Reihenfolge ihrer Vornamen aufzustellen. Der Kreis beginnt also zum Beispiel bei Albert Kling, danach kommt Alexandra Berger, dann Andreas Huber usw. Am Ende schließt sich der Kreis bei Wolfgang Schmidt, der dann wiederum neben Albert Kling steht. Auf diese Art und Weise bringen Sie die Gäste dazu, sich miteinander zu unterhalten und ihre Namen herauszufinden.

Außerdem werden sie häufig neben jemandem stehen, den sie noch nicht kennen, und kommen daher mit einem Unbekannten ins Gespräch. Ist der Kreis geschlossen, so nennt jeder noch einmal laut seinen Namen. Natürlich ist jetzt auch noch Gelegenheit für die eine oder andere Korrektur!

Sternzeichenspiel

Eine weitere Möglichkeit, die Gäste in neue Gruppen einzuteilen, ist, sie nach ihren Sternzeichen zu platzieren. Bilden Sie beim Kaffee zum Beispiel einen Stier-Tisch, einen Zwillings-Tisch, einen Löwe-Tisch usw. Erkundigen Sie sich allerdings vorher, wie oft die einzelnen Sternzeichen vertreten sind – nicht dass eine einsame Waage am Ende noch allein an einem Tisch sitzen muss!

Steckbriefe

Dieses Spiel, mit dem Sie die Menschenkenntnis Ihrer Freunde und Verwandten auf die Probe stellen können, wird für viel Erheiterung bei den Gästen sorgen. Und das geht so: Alle Gäste bekommen – zum Beispiel zusammen mit der Einladung – einen Steckbrief, den sie ausfüllen müssen. Dieser kann zum Beispiel so aussehen:

Beispiel für einen Steckbrief

Geschlecht: _____

Haarfarbe: _____

Augenfarbe: _____

Größe: _____

Verhältnis zum Brautpaar: _____

Beruf: _____

Hobbys: _____

Lieblingsspeise: _____

Lieblingslied: _____

Lebensmotto: _____

Wie Ihnen sicher aufgefallen ist, fehlt eines auf diesem Steckbrief: der Name. Genau den gilt es nämlich jetzt zu erraten. Die Gäste bringen den ausgefüllten Steckbrief sozusagen als Eintrittskarte zur Hochzeitsfeier mit und übergeben ihn dem Zeremonienmeister oder dem Organisator des Spiels. Anschließend werden die Steckbriefe gemischt und wieder an die Gäste verteilt. Nun müssen die Gäste herausfinden, wer sich hinter ihrem Steckbrief verbirgt – und lernen dabei mit Sicherheit eine Menge neuer Menschen kennen.

Quiz

Sicherlich lassen sich unter den Gästen einige (am besten vier) Ratefüchse finden, die ihr Wissen über das Brautpaar unter Beweis stellen wollen. Sie sitzen vorn auf vier Stühlen, außerdem bekommt jeder ein bestimmtes Tier zugewiesen, zum Beispiel Kuh, Hund, Esel und Hahn. Dann stellt der Quizmaster eine Frage, und wer die richtige Antwort weiß, meldet sich mit dem Geräusch seines Tieres, in unserem Fall also mit »Muh«, »Wau«, »I-a« oder »Kikeriki«. Wer als Erstes Laut gegeben hat, darf antworten. Die Fragen sollten sich stets auf das Brautpaar beziehen, denn schließlich steht es im Mittelpunkt der heutigen Feier. Geeignete Fragen sind zum Beispiel:

- Wo hat sich das Brautpaar kennen gelernt?
- Wie heißt der Chef des Bräutigams?
- Wie heißt die beste Freundin der Braut?
- Wie viele Geschwister hat der Bräutigam und wie alt sind sie?
- Wie verlief der Heiratsantrag?
- Wer ist der Lieblingssänger der Braut?
- Wer ist der Lieblingssportler des Bräutigams?
- Wohin geht die Hochzeitsreise?
- Wie heißt das Lieblingslied des Brautpaars?
- Welche Schule besuchte der Bräutigam bzw. die Braut?

Sicher werden Ihnen noch etliche Fragen für dieses Spiel einfallen. Für jede richtige Antwort gibt es einen Punkt. Wer am Schluss die meisten Punkte gesammelt hat, hat gewonnen. Und was gibt es als Preis? Ganz klar, dem Gewinner bzw. der Gewinnerin winkt ein Tanz mit der Braut bzw. dem Bräutigam!

Sportliche Höchstleistungen

Sind Braut und/oder Bräutigam vielleicht begeisterte Sportler? Dann werden sich gewiss einige Vereinskollegen oder andere Sportskanonen auf der Feier finden. Doch auch weniger sportlichen Zeitgenossen wird ein wenig körperliche Betätigung nicht schaden – schließlich will das leckere Hochzeitsmenü ja auch verdaut sein. Also auf zum Achtkampf! Schön ist es, wenn man diesen draußen veranstalten kann, denn so stehen Ihnen mehr Möglichkeiten offen. Braut und Bräutigam fungieren hier übrigens als Schiedsrichter, denn schließlich soll das Brautkleid keinen Schaden nehmen. Und außerdem müssen sich die beiden ja für die Hochzeitsnacht schonen.

Folgende Disziplinen können dabei auf dem Programm stehen:

1. *Sackhüpfen:* Wer als Erster das Ziel erreicht, hat gewonnen.

2. *Dosenwerfen:* Ein Tennisball wird auf eine Pyramide aus Dosen geworfen. Wer am meisten Dosen umwirft, hat in dieser Etappe gewonnen.

3. *Kirschkernweitspucken:* Wessen Kirschkern am weitesten fliegt, der hat gewonnen.

4. *Erbsenzählen:* Ein Weinglas ist mit Erbsen gefüllt, und die Teilnehmer müssen schätzen, wie viele Erbsen im Glas sind. Wer dem Ergebnis am nächsten kommt, hat gewonnen.

5. *Ringewerfen:* Die Teilnehmer müssen fünf Ringe über einen Stock werfen, der im Boden steckt. Wer am häufigsten trifft, hat gewonnen.

6. *Hula-Hoop:* Wer den Reifen am längsten in der Luft halten kann, ist Sieger dieser Etappe.

7. *Angeln:* In einer Wanne mit Wasser liegen eine ganze Menge Nägel und müssen mit einem Magneten an einer Schnur herausgefischt werden. Wer in einer Minute die meisten Nägel erwischt, hat gewonnen.

8. *Füße zusammenbinden:* Den Teilnehmern werden die Füße zusammengebunden, dann müssen Sie um die Wette »laufen«. Wer nach 30 Sekunden am weitesten gekommen ist, ist Sieger dieser Etappe.

Für jeden Sieg gibt es Punkte: Bei zehn Teilnehmern erhält zum Beispiel der Gewinner zehn Punkte, der Zweite neun, der Dritte acht usw. Der Verlierer bekommt immerhin auch noch einen Trostpunkt. Dem Gesamtsieger des Achtkampfs winkt ein schöner Preis, zum Beispiel ein Tanz mit Braut oder Bräutigam (falls er von all der sportlichen Anstrengung nicht zu erschöpft ist!).

Geschenkübergabe einmal anders

Eine Kaffeemaschine kaufen und sie in Geschenkpapier einwickeln kann jeder, und wenn sich die Brautleute eine solche wünschen, ist dagegen auch gar nichts einzuwenden. Hat das Brautpaar allerdings bereits zwei Kaffeemaschinen und ist es auch mit anderen Haushaltsgegenständen perfekt ausgestattet, so müssen Sie schon Ihre Fantasie ein wenig spielen lassen, wenn Sie ein passendes Geschenk finden wollen.
Natürlich kann hier nicht mit Vorschlägen für das ultimative Hochzeitsgeschenk aufgewartet werden, denn schließlich hängt das vom Geschmack und dem Wunschzettel des Brautpaars ab. Allerdings gibt es da schon ein paar Tipps, wie Sie die Brautleute mit ebenso einfachen wie originellen Ideen überraschen können.

Gutscheinheft

Wie gesagt, eine Kaffeemaschine kaufen kann jeder. Doch es gibt etwas, das in der modernen Welt viel wertvoller ist als jeder Haushaltsgegenstand: Zeit. Schenken Sie dem Brautpaar doch ein wenig Zeit! Hier kann sich jeder Gast einbringen. Verteilen Sie für dieses Geschenk zu Beginn der Feier vorgedruckte Gutscheine aus einem etwas edleren Papier, die an der Seite gelocht sind. Darauf sollte etwa Folgendes stehen:

Gutschein für _____

Einzulösen bei _____

Gültig bis _____

Nun ist die Fantasie der einzelnen Gäste gefragt, denn den Text muss jeder selbst ausfüllen. Ist vielleicht ein begeisterter Hobbykoch unter den Gästen? Dann wird er das frisch gebackene Ehepaar vielleicht mit einem Vier-Gänge-Menü verwöhnen. Oder ein Gast wohnt in einer interessanten Stadt oder einer landschaftlich reizvollen Gegend? Dann lädt er die

Brautleute auf ein Wochenende in sein Domizil ein. Ein Gast ist Kunstexperte? Er wird dem Brautpaar eine Führung durch die Gemäldegalerie schenken – unter seiner fachkundigen Leitung. Oder wie wär's mit Rasenmähen, Frühjahrsputz, einem Picknick im Grünen, einem Kino- oder Konzertbesuch?
Zu einem solchen Gutscheinheft kann jeder Gast etwas beisteuern, je nach seinen individuellen Fähigkeiten, Interessen und Verhältnissen. Wenn jeder seinen Gutschein ausgefüllt hat, sammeln Sie die Zettel wieder ein, ziehen eine Schleife durch die Löcher und binden die Gutscheine zu einem Gutscheinheft zusammen. Und fertig ist Ihre Überraschung!

Schatzsuche

Diese Art der Geschenkübergabe ist für Brautpaare mit viel Abenteuerlust geeignet. Auch sollte die Feier nicht gerade in einer Betonwüste, sondern irgendwo im Grünen stattfinden, sodass man sich gut an der frischen Luft bewegen kann. Verstecken Sie das Geschenk an einer passenden Stelle, also nicht unbedingt dort, wo es Schaden nehmen kann oder unter Umständen von Dritten gefunden und mitgenommen wird! Auch sollte der Fundort nicht allzu weit vom Ort der Feierlichkeiten entfernt sein, sodass Brautpaar und Gäste sich zu Fuß auf die Suche machen können. Wenn Autos benötigt werden, wird nämlich das Gruppenerlebnis der Schatzsuche beeinträchtigt.
Sie können den Schatz zum Beispiel im Garten des Restaurants (aber vorher um Erlaubnis fragen!), in einem nahe gelegenen Feld oder Wald verbuddeln oder ihn ganz einfach in der Wohnung der Brautleute verstecken (vorher den Schlüssel organisieren).
Als »Geschenk« erhält das Brautpaar dann eine Schaufel und eine Schatzkarte, die nicht allzu leicht zu durchschauen sein sollte und ruhig ein bisschen in die Irre führen darf. Dann kann sich das Brautpaar auf die Suche machen.
Ein paar Dinge müssen Sie jedoch beachten, wenn Sie eine solche Schatzsuche planen. Erstens sollte sie nicht länger als

eine Stunde dauern, denn sonst wird das Spiel schnell langweilig. Sie sind ja dabei, können also zur Not den einen oder anderen Hinweis geben, wenn das Brautpaar den Schatz allein nicht findet. Zweitens sollten Sie natürlich auch das Wetter berücksichtigen. Regnet es in Strömen, so wird niemand Lust haben, draußen herumzulaufen und sich seine Festkleidung zu ruinieren. Sollte Ihnen das Wetter also einen Strich durch die Rechnung machen, so können Sie die Schatzsuche verschieben und sie an den Tagen nach der Hochzeit im kleinen Kreis (nur das Brautpaar und Sie) stattfinden lassen.

Schließlich sollten Sie die Schatzsuche auch auf das übrige Programm der Hochzeitsfeier abstimmen, da sie einige Zeit in Anspruch nimmt und Brautpaar und Gäste dazu auch das Restaurant oder den Ort der Feier verlassen müssen. Nicht, dass dann das Essen kalt wird oder der ganze Ablauf der Feier durcheinander gerät!

Schnitzeljagd

Eine solche Schatzsuche können Sie auch zu einer Schnitzeljagd ausweiten, indem Sie dem Brautpaar ebenfalls eine Schatzkarte geben, die jedoch nicht direkt zum Ziel führt, sondern lediglich an einen Ort, an dem das Brautpaar einen weiteren Hinweis findet. Und so weiter und so fort. Planen Sie hierfür genügend Zeit ein und stimmen Sie Ihre Schnitzeljagd mit den übrigen Programmpunkten ab.

Für euch hole ich die Sterne vom Himmel

Kaffeemaschinen gibt es in jedem Haushalt, aber wer hat schon einen eigenen Stern? Doch wohl die wenigsten! Schenken Sie Ihrem Brautpaar also einen Stern zur Hochzeit, den Sie natürlich auch nach ihm benennen, also zum Beispiel »Petra-Klaus-Stern« oder »Hinterhuber-Stern«. Ganz billig ist dieses Vergnügen allerdings nicht, denn um die 200 Euro müssen Sie dafür schon berappen. Doch immerhin darf Ihr Brautpaar dann einen ganzen Himmelskörper sein Eigen nennen – ein Geschenk für die Ewigkeit! Dazu erhalten die Brautleute ein gerahmtes Zertifikat und eine Karte, auf der die exakte astronomische Position des Sterns eingezeichnet ist. Erwerben können Sie einen Stern zum Beispiel unter der Internetadresse www.mystar.de.

Länderkorb

Wissen Sie, wo das frisch getraute Ehepaar die Flitterwochen verbringen will? In den USA? In Australien? In Thailand? In Italien? Hat sich das Paar vielleicht sogar im Urlaub kennen gelernt? Oder gibt es ein Land, zu dem es einen besonderen Bezug hat? Dann machen Sie dem Brautpaar ein Geschenk, mit dem es sich auf sein Urlaubsziel einstimmen kann: einen Korb, in dem Dinge aus diesem Land gesammelt sind. Darin können zum Beispiel ein Reiseführer oder ein Bildband liegen, ein Sprachkurs auf CD oder Kassette, ein Bikini oder Badeschuhe, eine CD mit der Musik des Landes und natürlich allerlei kulinarische Köstlichkeiten aus dem Urlaubsland.
In den meisten Großstädten gibt es Asia-Läden, italienische Feinkostgeschäfte, Irland-Shops oder Ähnliches, wo Sie allerlei witzige Geschenkideen finden werden. Oder surfen Sie einmal im Internet – auch online werden Sie bestimmt fündig werden.

Das Hochzeitsgemälde

Eine schöne Erinnerung ans Hochzeitsfest ist ein Hochzeitsgemälde, an dem alle Gäste mitwirken. Stellen Sie dazu im Festsaal eine Staffelei mit Leinwand auf, auf der sich die Gäste verewigen können. Ob mit Pinsel und Farbe oder mit Filzstiften, spielt dabei keine Rolle. Wichtig ist nur, dass jeder Gast etwas ganz Persönliches darauf malt oder schreibt: einen Cartoon, ein Gedicht oder einfach nur seine guten Wünsche. So entsteht ein Gesamtkunstwerk, an dem das Brautpaar noch lange seine Freude haben wird.

Die besondere CD

Kennen Sie die Lieblingslieder des Brautpaars? Und können Sie vielleicht auch ein bisschen singen? Nein? Macht nichts, denn in einem Tonstudio kann man trotzdem aus Ihrer Stimme noch eine Menge herausholen. Also, nichts wie ab ins Studio! Nehmen Sie (Sie können sich dabei auch mit anderen Gästen zusammentun) eine CD mit den Lieblingssongs des Brautpaars auf und überreichen Sie ihm diese auf der Feier – vielleicht sogar, wenn der Tanz eröffnet wird. Sie werden sehen: A star is born! Und auf jeden Fall hat das Brautpaar eine wunderschöne Erinnerung an Sie und seinen Hochzeitstag.

Verlosung

Lose zu ziehen macht immer Spaß, schließlich kommen dabei allerlei Überraschungen heraus. Da Braut und Bräutigam an diesem Tag sowieso schon den Hauptgewinn gezogen haben (einander nämlich), dürfen diesmal die Gäste die Lose ziehen. Überlegen Sie sich vorher Dinge, die jeder dem Brautpaar leicht schenken kann, zum Beispiel einen gemeinsamen Kinobesuch, eine Dose selbst gebackene Plätzchen zur Weihnachtszeit, ein Picknick im Grünen, einen Ausflug auf den Weihnachtsmarkt usw. Dies schreiben Sie auf gleich große Zettel und falten diese dann so zusammen, dass man nicht lesen kann, was darauf steht; mischen Sie auch ein paar Nieten darunter.

Insgesamt sollten Sie natürlich so viele Lose haben, wie auch Gäste auf der Hochzeitsfeier sind. Dann zieht jeder Gast ein Los. Wer eine Niete erwischt hat, kann sich entspannt zurücklehnen. Die Gewinner dürfen dem Brautpaar die Freude bereiten, die auf dem Los vermerkt ist. Aber nicht schummeln oder tauschen!

Versteigerung

Auktionen sind in, und so spricht nichts dagegen, auch eine Hochzeitsfeier mit einer Versteigerung aufzupeppen. Dieses Spiel eignet sich besonders gut, wenn sich die Brautleute Geld anstelle konkreter Geschenke wünschen – teilen Sie den Gästen dann aber im Vorfeld mit, dass sie genügend Bargeld auf der Feier bei sich haben sollten, sonst füllt sich die Hochzeitskasse nur schwer. Versteigert werden alle möglichen Gegenstände des Brautpaars, zum Beispiel der Brautschleier, die Fliege des Bräutigams usw. Allerdings ist diese Versteigerung nur symbolisch zu sehen, denn am Ende der Feier bekommen die Brautleute ihre Kleidungsstücke natürlich zurück. Tabu sollten natürlich auch die Eheringe sein!

Neben Gegenständen können Sie aber auch noch alle möglichen anderen immateriellen Dinge versteigern, zum Beispiel einen Tanz mit der Braut, einen Kuss vom Bräutigam (dieses eine Mal darf er das noch) und Ähnliches. Ihnen fällt bestimmt noch etwas ein!

Fotoaktionen

Ein so wichtiges Ereignis wie eine Hochzeit muss natürlich auch auf Fotos oder Video dokumentiert werden. Schließlich macht es immer wieder Spaß, die Bilder vom schönsten Tag im Leben zu betrachten und in Erinnerungen zu schwelgen: »Weißt du noch?« Ganz zu schweigen davon, dass Hochzeitsbilder auch bei Kindern und Kindeskindern immer für Erheiterung sorgen! Das Brautpaar selbst ist an diesem Tag zu beschäftigt, um sich um die Dokumentation des Ereignisses zu kümmern, und ein professioneller Fotograf ist teuer. Also müssen die lieben Gäste ran – wie Sie diese ehrenvolle Aufgabe angehen können, erfahren Sie in den folgenden Abschnitten.

Fotomappe

Haben Sie eine Sofortbildkamera? Oder kennen Sie jemanden, der eine hat? Dann nichts wie her damit, denn damit können Sie dem Brautpaar ein wunderbares Geschenk machen. Halten Sie die Feier – oder zumindest deren Höhepunkte – mit der Kamera fest: das Eintreffen des Brautpaars, Einzelporträts der Gäste, Spiele, Sketche und Reden – alles, was das Fest an Programmpunkten zu bieten hat. Diese Bilder kleben Sie dann in eine Mappe oder ein Fotoalbum ein und überreichen sie dem Brautpaar am Ende der Feier. So hat das frisch gebackene Ehepaar gleich eine schöne Erinnerung an den großen Tag, noch bevor die offiziellen Fotos fertig sind.

Wenn Sie nicht auf ein fertiges Fotoalbum zurückgreifen wollen, können Sie die Mappe selbst gestalten – zum Beispiel mit Tonpapier, das Sie mit einer Ring- oder Klebebindung zusammenhalten. Verschaffen Sie sich vorher einen Überblick darüber, was auf dem Programm der Hochzeitsfeier steht, damit Sie wissen, was Sie fotografieren müssen und wie viele Fotos Sie in etwa einplanen sollten. Nicht, dass Sie zum Schluss noch viel zu viele Bilder haben oder am Ende der Mappe gar ein paar unschöne leere Seiten übrig bleiben!

Tipp: Halten Sie die letzten beiden Seiten der Fotomappe frei und lassen Sie dort alle Gäste unterschreiben.

Auch mit einer Digitalkamera, einem Laptop und einem Drucker, den Sie in einem Nebenraum deponiert haben, können Sie sich sofort ans Werk machen, bekommen dann allerdings von der Feier nicht mehr ganz so viel mit. Oder Sie legen in der sowieso schon kurzen Nacht noch eine Nachtschicht ein, stellen die Mappe zu Hause fertig und bringen Sie dem Brautpaar am nächsten Morgen vorbei. Aber nicht zu früh, Sie wissen ja: die Hochzeitsnacht ...

Natürlich können Sie eine solche Fotomappe auch nachträglich herstellen und haben so mehr Zeit, die Mappe zu gestalten und die schönsten Bilder auszuwählen. Außerdem können Sie noch weiteres Beiwerk einkleben, so etwa die Menükarte, das Programm der kirchlichen Trauung, eine Gästeliste und alles, was Sie sonst noch in die Finger bekommen.

Puzzle

Wie wäre es mit einem Puzzle als Erinnerung an den schönsten Tag im Leben? Suchen Sie sich ein besonders schönes Foto des Brautpaars aus und lassen Sie es vergrößern. Viele Fotogeschäfte oder Copyshops bieten zusätzlich den Service an, ein Puzzle aus einem Foto herzustellen. Sie können sich jedoch auch selbst an die Arbeit machen: Kleben Sie dazu das Foto auf ein Stück Pappe oder eine dünne Spanplatte, zeichnen Sie auf der Rückseite die Puzzleteile auf und schneiden oder sägen Sie das Bild dann in Stücke. Fertig ist Ihr Puzzlespiel!

Collage

Eine Collage aus den schönsten Hochzeitsbildern, Tisch- oder Menükarten und Ähnlichem ist ebenfalls ein schönes Andenken an das Hochzeitsfest. Kleben Sie all diese gesammelten Schätze auf ein Stück Pappe auf, das mindestens DIN-A3-Größe haben sollte, und lassen Sie es rahmen.

Dia-Shows

Beliebte Elemente einer Hochzeitsfeier sind Dia-Shows, die Einblicke in die Kindheit und Jugend der Brautleute sowie in ihre gemeinsame Zeit vor der Hochzeit geben. Erste Anlaufstellen sind hierbei die Eltern des Brautpaars, denn sie horten für gewöhnlich die Baby- und Kinderfotos ihrer Sprösslinge. Informieren Sie sie rechtzeitig über Ihr Vorhaben und bitten Sie sie, geeignete Bilder herauszusuchen. Je skurriler, desto besser! Schön sind auch Kinderfotos, auf denen man schon früh spätere Hobbys oder Lieblingsbeschäftigungen erkennen kann, zum Beispiel die ersten Gehversuche auf Skiern eines begeisterten Skifahrers oder Ähnliches.

Um Fotos aus dem Erwachsenenleben und der gemeinsamen Zeit von Braut und Bräutigam zu bekommen, müssen Sie die Brautleute wohl oder übel von Ihrem Vorhaben in Kenntnis setzen, denn sonst werden sie die Bilder nicht herausrücken. Allerdings besteht dann natürlich die Gefahr, dass Sie nur die Bilder bekommen, die das Brautpaar auch in der Öffentlichkeit zeigen will – und das müssen nicht zwingend die interessantesten sein! Zapfen Sie daher auch alle anderen Quellen an und fragen Sie sämtliche Menschen, die Bilder vom Brautpaar haben könnten. Da wird sich bestimmt noch das eine oder andere Juwel finden lassen.

Wenn Sie Ihre Dia-Show frühzeitig planen, können Sie vielleicht auch selbst noch ein paar Schnappschüsse anfertigen. Verlassen Sie Ihr Haus also nicht ohne Ihren Fotoapparat, wenn Sie irgendwo dem Brautpaar begegnen könnten!

Haben Sie eine ausreichende Anzahl von Fotos beisammen, so müssen Sie Dias davon anfertigen lassen. Das macht jedes Fotogeschäft, allerdings brauchen Sie dazu die Negative der Bilder – lassen Sie sich diese also auch gleich geben.

Die Dias bringen Sie dann in eine witzige Reihenfolge. Lustig ist es immer, wenn Sie die Lebensläufe von Braut und Bräutigam gegenüber stellen, zum Beispiel mit Fotos kurz nach der Geburt, bei der Taufe, mit den Sandkastenfreunden, beim Karneval, am ersten Schultag usw. So entstehen oft reizvolle Kontraste, zum Beispiel bei Karnevalsfotos: »Während Petra schon immer eine kleine Prinzessin war, ließ Klaus auch damals schon den Cowboy heraushängen.«

Grundsätzlich gilt: Je ausgefallener die Fotos sind, desto besser werden Sie sie kommentieren können und desto mehr werden Brautpaar und Gäste zu lachen haben!

Der Fotobaum

Ein Fotobaum ist immer eine schöne Erinnerung ans Hochzeitsfest und alle, die daran teilgenommen haben. Dazu brauchen Sie einen großen Baum aus Pappe oder ein Plakat, auf das Sie einen riesengroßen Baum malen. Dieses hängen Sie dann an einer Wand auf. Da Sie die Gäste im Vorfeld angewiesen haben, ein Foto von sich zur Hochzeitsfeier mitzubringen, werden diese Fotos nun auf den Baum geklebt.

Dies kann entweder jeder Gast für sich tun – oder aber Sie veranstalten das Ganze als Spiel: Dabei treten die Gäste der Reihe nach vor, kleben ihr Foto auf und erzählen eine kleine Geschichte oder Anekdote über das Brautpaar.

Tipp: Noch schöner wird der Fotobaum, wenn Sie die Bilder nicht willkürlich aufkleben, sondern die Fotos zu einem Stammbaum anordnen. Allerdings erfordert dies im Vorfeld mehr Arbeit, denn Sie müssen sich genau über die Verwandtschaftsverhältnisse informieren, den Baum entsprechend einteilen und jedem Bild von vornherein seinen Platz zuweisen.

Unterhaltung aus Profihand

Wer selbst nicht unbedingt etwas zur Hochzeitsfeier beitragen kann oder möchte, kann die Arbeit natürlich auch professionellen Entertainern oder Unterhaltungskünstlern überlassen. Adressen hierfür finden Sie in den Gelben Seiten, und auch im Internet werden Sie fündig. Einige Tipps, wie Sie mit Hilfe professioneller Unterhaltungskünstler Schwung in die Hochzeitsfeier bringen können, erhalten Sie auch im Folgenden.

Unterhaltungskünstler

Ob Sie nun einen Zauberer à la Harry Potter, einen Feuerspucker oder Schwertschlucker, einen Zirkuskünstler oder einen Pantomimen oder gar eine Bauchtänzerin engagieren, bleibt Ihrer Fantasie und Ihrem Geldbeutel überlassen. Richten Sie sich bei der Wahl Ihres Unterhaltungskünstlers jedoch nach dem Geschmack der Brautleute – wenn diese Hokuspokus nun einmal albern und kindisch finden, werden Sie ihnen damit keine große Freude machen. Ein Unterhaltungskünstler wird auf jeden Fall Schwung in die Feier bringen und für Erstaunen bei Groß und Klein sorgen. Adressen finden Sie im Branchenverzeichnis oder im Internet. Vielleicht kann Ihnen ja auch ein Bekannter jemanden empfehlen?

Feuerwerk

Ein farbenprächtiges Feuerwerk am Himmel gefällt allen Hochzeitsgästen und ist ein schöner Ausklang für eine ausgelassene Feier. Doch wo können Sie im Mai Raketen auftreiben? Gar nicht, denn wenn Sie ehrlich sind, schwebt Ihnen gar kein 08/15-Feuerwerk mit ein paar Böllern vor. Überlassen Sie das Feuerwerk lieber einem Profi: einem Partyservice, einer Eventagentur oder einem Pyrotechniker. Oder sind Sie etwa in der Lage, die Raketen perfekt aufeinander abzustimmen oder ein leuchtendes Herz, die Initialen oder gar die Namen der Brautleute an den Himmel zu zaubern? Eben! Werfen Sie also einen Blick in die Gelben Seiten oder ins Internet.

Dafür müssen Sie zwar etwas tiefer in die Tasche greifen, doch bekommen Sie dafür auch ein unvergessliches Feuerwerk. Und wer sagt denn, dass Sie alles aus eigener Tasche bezahlen sollen? Wenn Sie die anderen Gäste rechtzeitig über Ihr Vorhaben in Kenntnis setzen, wird sich sicher der eine oder andere anschließen.

7. KAPITEL
Hochzeitsbräuche

Waren Sie schon einmal auf einer Hochzeit, auf der Reis geworfen wurde oder auf der das Brautpaar einen Baumstamm durchsägen musste? Und was hat es eigentlich mit den Dosen auf sich, die oft ans Hochzeitsauto gebunden werden?
Viele traditionelle Hochzeitsbräuche haben sich bis heute gehalten, andere wiederum wurden aus dem Ausland, wie zum Beispiel den USA, importiert. Drei Dinge haben sie jedoch alle gemeinsam: Sie lockern eine Hochzeitsfeier auf, sorgen für Unterhaltung und geben dem Brautpaar allerlei gute Wünsche mit auf den gemeinsamen Lebensweg. Einige dieser Bräuche und Traditionen stellt Ihnen dieses Kapitel vor.

Ihr Kinderlein kommet

Was wünscht man einem jungen Ehepaar am meisten? Nein, nicht etwa Geld, sondern baldigen Kindersegen – so meinten zumindest unsere Altvorderen. Um der Fruchtbarkeit etwas auf die Sprünge zu helfen, gibt es daher auch eine ganze Reihe von Traditionen und Bräuchen, die sich noch immer großer Beliebtheit erfreuen.

Reis werfen

Dieser Brauch soll Fruchtbarkeit und Kindersegen bringen, die dem Brautpaar mit dem Reis praktisch nachgeworfen werden. Aber auch Erbsen setzt man dazu ein. Allerdings sehen nicht alle Gemeinden diese alte Tradition gern, denn erstens ist sie nicht ganz ungefährlich (Rutschgefahr!), und zweitens werden damit wertvolle Nahrungsmittel verschwendet. Weichen Sie stattdessen lieber auf Konfetti aus. Das ist nicht nur billiger, sondern auch umweltfreundlicher.

Blumen streuen

Man sieht es auf jeder Hochzeit gern: Kinder, vor allem kleine Mädchen, gehen beim Auszug aus der Kirche vor dem Brautpaar her und streuen Blumen. Dies soll ebenfalls Glück und Kindersegen bringen, denn die Blumen sollen die Fruchtbarkeitsgöttin anlocken. Auch sie ist eben eine Frau und hat ein Herz für schöne Blüten!

Der Storch auf dem Dach

Oft wird am Hochzeitstag ein Storch aus Holz oder gar ein Kinderwagen auf dem Dach des Brautpaars angebracht – einen deutlicheren Wink mit dem Zaunpfahl gibt es wohl kaum. Zusätzlich können Sie noch eine Wäscheleine mit Babysachen und Windeln aufhängen. Dieser Brauch eignet sich gut für Paare, die nicht auf die Fruchtbarkeitsgöttin vertrauen, sondern lieber selbst aktiv werden wollen.

Hochzeitsbaum

Dieser Brauch stammt aus dem ländlichen Bayern und soll das frisch gebackene Ehepaar an seine ehelichen Pflichten, sprich die Nachwuchsproduktion, erinnern. Vor der Wohnung oder dem Haus wird ein so genannter »Hochzeitsbaum« (sieht ähnlich aus wie ein Maibaum) aufgestellt. An einer Holzstange sind Strampelhöschen, Windeln, ein Kinderwagen, Rasseln, Schnuller und andere Babysachen befestigt, und ganz oben auf der Spitze thront natürlich ein Storch. So hat das Paar sein Ziel stets vor Augen und wird bei »Versagen« entsprechend bestraft: Ist nach dem ersten Ehejahr noch kein Nachwuchs in Sicht, so muss es seine Freunde zum Essen einladen.

Rund ums Brautkleid

Im Mittelpunkt einer jeden Hochzeit steht immer die Braut, darf sie sich doch einmal in ihrem Leben wie eine Prinzessin kleiden. Der Bräutigam im Anzug oder Smoking muss dahinter leider zurückstecken. Dementsprechend ranken sich auch viele Bräuche und Traditionen um das Brautkleid.

Vier Gegenstände

Ob eine Braut nun in einem Traum in Weiß oder in einer eher nüchternen Robe heiratet – vier Kriterien sollte sie bei der Wahl des Kleides und ihrer Accessoires auf keinen Fall außer Acht lassen. So sollten immer die folgenden vier Gegenstände dabei sein:
- Etwas Altes (zum Beispiel ein altes Schmuckstück der Familie oder ein Stück alte Spitze) symbolisiert das Leben vor der Hochzeit.
- Etwas Neues (zum Beispiel das Brautkleid oder die Handschuhe) steht für den neuen Lebensabschnitt als Ehefrau.
- Etwas Geliehenes (zum Beispiel ein Schmuckstück von der besten Freundin) soll den Fortbestand der Freundschaft verkörpern.
- Etwas Blaues (zum Beispiel ein Strumpfband oder eine blaue Blüte im Brautstrauß) ist ein Symbol für die Treue.

Ein Cent im Brautschuh

Geldsorgen sind etwas, das ein junges Ehepaar ganz und gar nicht brauchen kann. Hier will eine alte Tradition Abhilfe schaffen. Damit die Zukunft auch in finanzieller Hinsicht rosig aussieht, legt sich die Braut eine Ein-Cent-Münze (oder einen Glückspfennig, wenn Sie noch einen haben) in den rechten Schuh. Was ist schon ein wunder Fuß gegen lebenslangen Wohlstand? Das nimmt man doch gern in Kauf, oder?

Pfennige für den Brautschuh

Früher bewahrten junge Mädchen jeden einzelnen Pfennig sorgfältig auf und sammelten so das Geld für ihre Brautschuhe. Dies sollte zeigen, dass die Frau sparsam ist und ihr Geld gut zusammenhalten kann – was könnte sich ein Mann mehr wünschen? Ob die Schuhgeschäfte sich freuen, wenn eine Frau mit einem Karton voll Pfennige auftaucht, ist eine andere Frage. Falls jedoch auch Sie zu den weiblichen Wesen gehören, die seit ihrer Kindheit Pfennige gesammelt haben, sollten Sie sie auf jeden Fall rechtzeitig in Cent umtauschen. Dank des Wechselkurses halbiert sich so auch die Zahl Ihrer Münzen!

Brautstrauß

Wie der Schleier (siehe weiter unten) gehört auch der Brautstrauß fest zur Ausstattung der Braut. Natürlich kann man dafür ganz einfach die Lieblingsblumen der Braut wählen. Ebenso gut kann der Bräutigam (der ja für den Brautstrauß zuständig ist) aber auch Blumen sprechen lassen: Denn viele Blumen symbolisieren eine bestimmte Eigenschaft.

Die Sprache der Blumen

Efeu:	Treue
Lilie:	Reinheit, Sanftmut
Maiglöckchen:	Glück und Tugend
Rose:	Liebe
Nelke:	Liebe
Orangenblüten:	Keuschheit, Reinheit
Chrysantheme:	Freude und Vergnügen
Jasmin:	ewige Freundschaft und Liebe
Wicken:	Vergnügen

Myrte

Eine besondere Hochzeitsblume ist die immergrüne Myrte. Schon in der Antike hatte sie einen festen Platz in der Hochzeitsgeschichte, denn sie war der Aphrodite, der Göttin der Liebe, geweiht. Die Myrte symbolisiert Fruchtbarkeit und Lebenskraft – was könnte man sich für eine junge Ehe mehr wünschen? Heute findet man die Myrte entweder in einem Blütenkranz oder als Ansteckzweig bei Braut und Bräutigam und ihren engsten Angehörigen.

Hindernisse auf dem Weg in die Ehe

In einer Ehe läuft nicht immer alles glatt – häufig gilt es, einige Krisen zu überwinden und auch schlechte Zeiten gemeinsam durchzustehen. Damit die frisch gebackenen Eheleute nicht gleich bei den ersten Schwierigkeiten die Flinte ins Korn werfen, dürfen sie schon am Tag der Eheschließung »üben«, wie man gemeinsam die ersten Hindernisse überwindet. Hier gibt es eine ganze Reihe von Möglichkeiten.

Baumstamm durchsägen

Häufig wartet vor der Kirche oder dem Standesamt ein Sägebock mit einem Baumstamm auf das Brautpaar. Diesen müssen die beiden Frischvermählten durchsägen, um sich den Weg ins Eheglück zu bahnen. Wichtig ist dabei, dass Sie eine Säge wählen, die das Brautpaar gemeinsam führen kann (also jeder an einem Ende), denn schließlich müssen die Schwierigkeiten des Ehelebens ja auch gemeinsam bewältigt werden.

Tipp: Achten Sie darauf, dass die Säge nicht zu stumpf ist, denn sonst dauert das Sägen unnötig lange. Das Brautpaar braucht seine Kräfte später noch, und ein durchgeschwitztes Brautkleid ist auch nicht unbedingt eine Zierde.

Spalier stehen

Ein Spalier symbolisiert die vielen Stolpersteine und Hindernisse, die einem jungen Paar auf dem Weg ins Eheglück begegnen können. Dabei stellen sich Freunde, Kollegen und Verwandte vor der Kirche oder vor dem Standesamt auf und bilden mit Besen, Blumenbogen, Tennis- und Golfschlägern oder Ähnlichem eine Art Tunnel. Das Brautpaar muss zunächst ein Satinband durchschneiden und dann den Tunnel durchschreiten.

Gespanntes Leintuch

Eine hübsche Variante dieses Brauchs ist ein aufgespanntes Leintuch, auf das ein großes Herz gemalt wurde. Braut und Bräutigam bekommen zwei Scheren (wer ein bisschen gemein sein will, kann ihnen auch Nagelscheren in die Hand drücken) und müssen nun das Herz ausschneiden. Anschließend steigen die beiden Hand in Hand durch das Loch im Leintuch oder der Bräutigam trägt die Braut hindurch.

Keine Chance für böse Geister!

Ob man nun abergläubisch ist oder nicht – es schadet jedenfalls nicht, wenn man sich vor bösen Geistern schützt. Man kann ja schließlich nie wissen, oder? »Vorsicht ist die Mutter der Porzellankiste«, wussten schon unsere Väter und ersannen somit allerlei Hochzeitsbräuche, die böse Geister von den Brautleuten fern halten sollten.

Brautjungfern

Die Brautjungfern – in der Regel ledige Freundinnen der Braut – sollten möglichst ähnlich wie diese gekleidet sein und beim Einzug in die Kirche vor der Braut gehen. Wozu? Um die bösen Geister, die sich die Braut schnappen wollen, zu verwirren. Sie wissen dann nämlich nicht, wer die Braut ist, und suchen frustriert das Weite.

Brautschleier

Der Brautschleier soll die Braut verstecken, damit die bösen Geister sie nicht finden können. Im christlichen Glauben symbolisiert er außerdem Jungfräulichkeit. Sollte der Brautschleier einmal zerreißen, so muss man allerdings nicht um die junge Ehe bangen: Geschieht dies nach der Trauung, so bringt es dem Brautpaar nämlich Glück. In einer modernen Abwandlung dieses Brauchs binden sich alle Autofahrer der Hochzeitsgesellschaft eine Schleife aus Tüll an ihre Radioantennen – sozusagen als kleine Brautschleier.

Geldmünzen

Böse Geister sind nicht viel anders als wir Menschen: Auch sie lassen sich am besten mit Geld bestechen. Deshalb wirft das Brautpaar in manchen Gegenden 10- oder 20-Cent-Münzen in die Menschenmenge vor der Kirche oder dem Standesamt.

Dosen am Auto

Dazu brauchen Sie eine Schnur oder Kordel und jede Menge Konserven- oder Getränkedosen. Während der Trauung oder auch während der Hochzeitsfeier befestigen Sie dann die Kordeln, an die Sie wiederum die Dosen gebunden haben, an der Stoßstange des Hochzeitsautos. Achten Sie darauf, dass die Knoten auch wirklich fest sind, denn die Kordeln lösen sich durch die Fahrtgeschwindigkeit sehr leicht. Macht sich das Brautpaar dann auf den Weg zur Feier oder gar in die Flitterwochen, so wird es von einem Höllenlärm begleitet. Auch dieser Brauch diente ursprünglich dazu, böse Geister abzuschrecken – und gleichzeitig wurde damit die Hochzeit im ganzen Ort bekannt gemacht.

Über die Schwelle tragen

Nur zu gern lauern böse Geister vor der Haustür und warten nur auf eine günstige Gelegenheit, um sich ins Haus zu schleichen und dort allerlei Schaden anzurichten. Geben Sie den Geistern keine Chance! Mit dem Einsatz seiner Körperkräfte kann der Bräutigam verhindern, dass die üblen Kreaturen in seine Wohnung gelangen – nämlich indem er seine Braut über die Schwelle trägt. Hoffentlich ist er danach nicht zu geschwächt für die Hochzeitsnacht ...

Speis und Trank mit Tradition

Geben Sie es zu: Sie haben sich am Hochzeitsbüfett stets den Teller voll geladen, aber noch nie ernsthaft darüber nachgedacht, warum manche Speisen auf jeder Hochzeit angeboten werden! Denn es ist keineswegs gleichgültig, was bei dieser Gelegenheit auf den Tisch kommt. Ein wichtiger kulinarischer Programmpunkt, der bei keinem Menü fehlen darf, ist die Hochzeitstorte, um die sich dementsprechend auch jede Menge Bräuche und Traditionen ranken.

Die Hochzeitstorte

Seit Jahrhunderten gehört die Torte fest zu jeder Hochzeit, und das nicht nur in unseren Breiten, sondern auch in vielen anderen Ländern, wie zum Beispiel in den USA und in Großbritannien. Schon im alten Rom wurde bei einer Hochzeit ein einfacher Kuchen angeboten, von dem zunächst einmal nur Braut und Bräutigam aßen. Die Rest des Kuchens wurde über dem Kopf der Braut in winzige Stücke gebrochen, die dann von den Gästen gegessen wurden. Dies sollte dem Brautpaar viele Kinder bescheren, denn das im Kuchen enthaltene Getreide galt als Symbol für Fruchtbarkeit.

Heute ist eine Hochzeitstorte nicht mehr ganz so einfach gehalten, sondern ein jeder Konditor fertigt seine ganz persönlichen Kunstwerke an. Die runden Torten sind meist mehrstöckig und mit vielen kleinen Marzipanrosen und Zuckerwerken verziert. Ganz oben thront natürlich ein Brautpaar. Die vorherrschende Farbe bei Hochzeitstorten ist Weiß – wie könnte es bei einer Hochzeit auch anders sein?

Wann die Torte angeschnitten wird, liegt im eigenen Ermessensspielraum: Entweder kann sie beim Empfang als Begrüßungshäppchen serviert werden oder später die Kaffeetafel eröffnen. Auch als Dessert nach dem Festmenü oder gar erst um Mitternacht bringt man die Hochzeitstorte auf den Tisch. Welchen Zeitpunkt man auch wählt, wichtig ist nur, dass Braut und Bräutigam die Torte gemeinsam anschneiden, denn schließlich beginnen sie heute auch gemeinsam ein neues Leben. Dann füttern sie sich gegenseitig mit einem Stück Torte, damit ihnen das Eheglück lange erhalten bleibt.

Eine Brautjungfer, die unbedingt heiraten möchte, beim Brautstraußwerfen allerdings leer ausging, kann trotzdem noch einmal für ihr eigenes Glück tätig werden: So sollte sie ein Stück Hochzeitstorte in ihrer Tasche tragen, bis das Brautpaar von seiner Hochzeitsreise zurückgekehrt ist. Dann wird sie in nicht allzu langer Zeit unter die Haube kommen. Falls das Brautpaar allerdings zu einer einjährigen Weltreise

aufbricht, kann diese Angelegenheit bald ziemlich eklig werden!
Ein hübscher Brauch rund um die Hochzeitstorte stammt aus dem angelsächsischen Raum: Dort nimmt jeder Gast ein Stück Kuchen mit nach Hause. Wer bei der Feier nicht dabei sein konnte, bekommt per Post ein Stück Torte ins Haus geschickt. Außerdem wird in den USA und in Großbritannien die oberste Schicht der Torte aufbewahrt (entweder in der Gefriertruhe oder in einer luftdichten Kuchendose) und bei der Taufe des ersten Kindes gegessen. Wer sich mit dem Nachwuchs allzu lange Zeit lässt, muss dann allerdings mit einem »Wüstenkuchen« Marke staubtrocken rechnen.

Die Brautsuppe

Aus Bayern stammt ein alter Brauch, der dafür sorgt, dass das Brautpaar nicht mit leerem Magen – und oft auch nicht mehr ganz nüchtern – in die Kirche einzieht. Traditionell traf es sich nämlich früher mit seinen Angehörigen in einer Wirtschaft, damit beide Familien sich bei einem Teller Suppe in entspannter Atmosphäre kennenlernen konnten. Die Brautsuppe aßen Braut und Bräutigam aus demselben Teller, auch das Glas teilten sie sich – und bald auch noch viel mehr. Heute wird die traditionelle Suppe meist durch Weißwürste und Brezen ersetzt.

Brot und Salz

Nach einem uralten Brauch müssen Braut und Bräutigam erst gemeinsam Brot und Salz essen, bevor sie endgültig zusammengehören. Deshalb bekommt das Brautpaar bei vielen Hochzeiten auch heute noch diese beiden wichtigen Grundnahrungsmittel gereicht, zum Beispiel wenn es nach der Trauung die Gaststätte betritt. Auch die Gäste erhalten ein Stück Brot, das sie später in die Hochzeitssuppe tunken.

Ein Baum als ewige Erinnerung an die Hochzeit

Ein beliebter Brauch, um auch die Nachwelt an den Tag der Eheschließung zu erinnern, ist das Pflanzen eines Baums. Es gab sogar Zeiten, zu denen dies gesetzlich vorgeschrieben war, so zum Beispiel in den Herzogtümern Bremen und Verden im 17. Jahrhundert. Grund hierfür war, dass im Dreißigjährigen Krieg ein Großteil der Wälder in diesen Regionen verwüstet worden war – das Baumpflanzen war also sozusagen eine Wiederaufforstungsmaßnahme. Eine Verordnung legte fest, dass »junge, angehende Hauswirthe angehalten werden, etwa 20 bis 30 junge Eichen oder Buchen zu setzen«.

Heute kann zwar niemand mehr per Gesetz zur Wiederaufforstung verdonnert werden, doch haben viele Gemeinden den alten Brauch wieder aufleben lassen und dafür eigene »Hochzeitswälder« angelegt, in denen Brautpaare entweder am eigentlichen Hochzeitstag oder zu festen Terminen einen Baum im Gedenken an den Tag der Eheschließung pflanzen können. Erkundigen Sie sich einmal, ob es in Ihrer Gemeinde oder in der Nähe einen solchen Hochzeitswald gibt.

Doch auch wenn ein solcher nicht vorhanden ist, brauchen Sie Ihre grüne Ader nicht zu unterdrücken. Stattdessen kann das Hochzeitspaar einen Baum im eigenen Garten pflanzen. Hat das Paar keinen eigenen Garten, so schenken Sie ihm eben einen Baum in einem Pflanzkübel. Diesen kann es dann auf dem Balkon ziehen, bis es vielleicht doch einmal ein Häuschen mit Garten hat. Vielleicht stellen ja auch die Eltern bzw. Schwiegereltern ein Plätzchen zur Verfügung?

Schließlich bleibt auch noch die Möglichkeit, bei der Gemeinde- oder Stadtverwaltung nachzufragen, ob das Brautpaar einen Baum im Stadtpark pflanzen darf. Dabei muss es sich allerdings nach den Bestimmungen der Stadt richten, zum Beispiel was Baumart oder Standort anbetrifft.

Wer heiratet als Nächstes?

Da eine Eheschließung immer ein schönes Fest ist, freut man sich bei einer Hochzeit immer schon auf die nächste. Wie man ganz leicht feststellen kann, wer als Nächstes an der Reihe ist, verraten die folgenden Bräuche.

Den Brautstrauß werfen

Am Abend des Hochzeitsfestes versammeln sich sämtliche weiblichen, noch ledigen Gäste um die Braut. Diese stellt sich mit dem Rücken zu den Heiratsanwärterinnen und wirft ihren Brautstrauß in die Menge. Wer ihn fängt, ist als Nächstes an der Reihe!

Tipp: Oft möchte eine Braut den Strauß als Erinnerung aufheben und trocknen. Lassen Sie in diesem Fall ein zweites Exemplar anfertigen, das Sie dann in die Runde werfen. Das bringt garantiert genauso viel Glück!

Strumpfband werfen

In Großbritannien wird nicht nur die nächste Braut ausfindig gemacht: Auch die männlichen Hochzeitsgäste erhalten eine Chance, bald unter die Haube zu kommen. Wie man das herausfindet? Hierzu muss das Strumpfband der Braut herhalten, das der Bräutigam rückwärts in die Menge der anwesenden Junggesellen wirft. Wer es fängt, kommt als nächster unter die Haube.

Entführungsaktionen

Ein beliebtes Element einer Hochzeitsfeier ist die Entführung der Braut oder – um einmal ein wenig gegen den Strom zu schwimmen – des Bräutigams. Allerdings sollten Sie hier ein paar Regeln beachten, damit die Feier nicht unnötig lange unterbrochen wird und die Entführung nicht für Unmut bei den nicht beteiligten Gästen sorgt.

Die Entführung der Braut

Dies ist eine alte Tradition, die übrigens nicht nur dem Vergnügen dient, sondern einen handfesten historischen Hintergrund hat.
In Gesellschaften, in denen nämlich Männerüberschuss herrschte, sollten natürlich nur die Besten der Besten eine Braut abbekommen. Wer sich seine Frischangetraute schon nach wenigen Stunden wieder rauben ließ, war der Eheschließung eigentlich überhaupt nicht würdig und bekam seine Braut daher oft auch gar nicht mehr wieder. Denken Sie darüber einmal nach, liebe Brautleute!
Bei einer Brautentführung wird die Braut von ihren Freunden entführt und in eine Gaststätte, Kneipe oder Ähnliches »verschleppt«. Der Bräutigam muss seine Angetraute dann finden und sie mit dem Brautstrauß auslösen. Die Entführer dürfen unterdessen so lange auf seine Kosten trinken, bis er die Braut gefunden hat.
Doch wie beliebt die Brautentführung auch ist, sie kann auch eine Menge Ärger und Unmut verursachen. Dann nämlich, wenn der Bräutigam seine bessere Hälfte stundenlang nicht wiederfindet und von Kneipe zu Kneipe ziehen muss, während sich die Hochzeitsgesellschaft zu Tode langweilt und die Braut und ihre Entführer immer betrunkener werden.
Da eine Brautentführung stets eine Unterbrechung der Hochzeitsfeier darstellt, sollten unbedingt einige Regeln beachtet werden:

So macht die Brautentführung Spaß:

1. Besprechen Sie Ihr Vorhaben vorher mit dem Brautpaar oder – falls die Entführung als Überraschung geplant ist – mit dessen Eltern oder den Trauzeugen, sodass Sie gemeinsam den besten Zeitpunkt für die Entführung festlegen können, zum Beispiel nach dem Kaffeetrinken.
2. Bringen Sie die Braut an einen Ort, wo Sie der Bräutigam auch finden kann, zum Beispiel in die Stammkneipe des Paars oder das Lieblingscafé.
3. Geben Sie dem Bräutigam einen Hinweis, wo er seine Braut finden kann, zum Beispiel in Form eines Gedichts oder eines Gegenstands – etwa eine Kuhglocke, wenn die Braut in der Wirtschaft »Zum Goldenen Ochsen« sitzt.
4. Hat der Bräutigam seine Angebetete nach einer bestimmten Zeit, zum Beispiel nach einer Stunde, immer noch nicht gefunden, so bringen Sie sie wieder zurück. Vielleicht hat der Bräutigam ja nicht einmal gemerkt, dass seine Braut verschwunden war?!
5. Die Zeche zahlt immer der Bräutigam – egal, ob er die Braut gefunden hat oder sie von selbst wieder zurückkommt.
6. Die Gäste, die am ursprünglichen Ort des Festes zurückbleiben, sollten sich während dieser Zeit nicht langweilen. So kann unterdessen zum Beispiel eine Musikkapelle zum Tanz aufspielen.

Bräutigamsversaufen

Nicht nur die Braut muss bei der Hochzeit damit rechnen, gekidnappt zu werden: Auch der Bräutigam muss um seine Freiheit fürchten (und das nicht nur, weil er jetzt verheiratet ist!). Ein beliebter Hochzeitsbrauch im Harz ist nämlich das »Bräutigamsversaufen«. Dabei wird der frisch gebackene Ehemann am Tag nach der Hochzeit von seinen Freunden entführt, ge-

fesselt (jaja, das sind raue Sitten!) und zu einem Gewässer verschleppt. Dort wird er dann untergetaucht und so symbolisch vom Junggesellen zum Ehemann umgetauft. Auslösen kann den armen Kerl nur seine frisch angetraute Ehefrau – durch eine ebenfalls feuchte Gabe (mit Alkoholgehalt!).
Achtung: Das Wetter muss hier natürlich mitspielen. Der Frischvermählte soll seine Flitterwochen zwar im Bett verbringen, aber sicher nicht mit einer Lungenentzündung!

So kommt Geld in die Hochzeitskasse

Was kann ein frisch gebackenes Ehepaar fast noch nötiger gebrauchen als Glück oder Kindersegen? Ganz klar, Geld! Nicht nur, dass das Hochzeitsfest schon teuer genug ist – auch die Flitterwochen, die neue Wohnungseinrichtung oder der Kinderwagen wollen schließlich bezahlt werden. Um dem jungen Paar etwas unter die Arme zu greifen, stehen den Hochzeitsgästen einige Möglichkeiten offen.

Versteigerung von Brautschuh oder Schleier

Schon im vorigen Kapitel haben Sie gesehen, dass eine Versteigerung auf einer Hochzeitsfeier für allerlei Abwechslung und Unterhaltung sorgen kann. Hatte die Versteigerung dort allerdings eher symbolischen Charakter, so gibt es doch zwei alte Traditionen, die auf diese Weise die Hochzeitskasse zu füllen versuchten. Versteigert werden dabei der Brautschuh oder der Schleier – der gezahlte Betrag gehört dem Brautpaar.
Tipp: Damit nicht ein einziger Gast eine hohe Summe hinblättern muss, können Sie bei der Versteigerung nach der so genannten »amerikanischen« Methode vorgehen. Dabei wird jedes Gebot sofort bezahlt. Bietet der erste Bieter zum Beispiel zehn Euro, so zahlt er diese auch. Wird er dann vom nächsten Bieter mit 20 Euro überboten, so zahlt der zweite die Differenz von zehn Euro usw.

Den Brautschuh stehlen

Entführer, Diebe – unglaublich, welche kriminellen Elemente sich auf einer Hochzeit so herumtreiben! Das Stehlen des Brautschuhs hat allerdings einen guten Zweck, wie Sie gleich merken werden.
Kinder krabbeln hier nämlich unter den Tisch des Brautpaars und ziehen der Braut blitzschnell den Schuh vom Fuß. Mit diesem Schuh gehen sie dann von Tisch zu Tisch und sammeln Geld für das frisch gebackene Ehepaar.

Hochzeitsnachtscherze

Nicht einmal die Hochzeitsnacht ist vor Scherzen sicher – nun gilt es noch die letzten Hindernisse zu überwinden, bevor sich das junge Ehepaar in sein funkelnagelneues Ehebett fallen lassen kann. Doch Vorsicht! Häufig geht mit den Freunden und Verwandten des Brautpaars die Fantasie durch, und der Schabernack führt zu weit. Schließlich sind die Hochzeitsnachtscherze nicht dazu da, um das Brautpaar zu ärgern, sondern die bösen Geister sollen frustriert wieder abziehen, weil sie nicht ins Schlafzimmer gelangen und dem Brautpaar schaden können. Einige Tipps und Anregungen für harmlose Hochzeitsnachtscherze finden Sie in den folgenden Abschnitten.

Die verschwundene Matratze

Schon beinahe Standard ist es, die Matratze des Ehebetts zu verstecken, zum Beispiel auf dem Balkon oder im Keller.

999 Luftballons

Ein weiterer beliebter Hochzeitsnachtscherz ist, das Schlafzimmer von oben bis unten mit Luftballons zu füllen, sodass sich das Brautpaar erst mühsam den Weg zum Ehebett »frei pieksen« muss.

Tipp: Wer verhindern will, dass das Brautpaar die Ballons nicht einfach mit einer Nadel zersticht, kann ein wenig Wasser in die Luftballons füllen.

Gestörte Nachtruhe

Die meisten Brautpaare werden in der Hochzeitsnacht wohl sowieso nicht viel schlafen. Sie können also das Ihre dazu beitragen, den beiden Frischvermählten auch den letzten Schlaf zu rauben. Verstecken Sie überall im Schlafzimmer kleine Wecker, die alle zu verschiedenen Zeiten losklingeln. Das Brautpaar wird dann sehr beschäftigt sein und entweder den Wecker suchen, der gerade klingelt, oder sich schon vorsorglich auf die Suche nach eventuellen Störenfrieden begeben. Auf jeden Fall hat es einiges zu tun!
Auch auf andere Weise können Sie akustische Signale setzen. Bringen Sie viele kleine Glöckchen am Lattenrost des Ehebetts an: So wird jede Regung des Brautpaars durch ziemlich viel Geklingel begleitet werden.

Wasserbecher im Flur

Gern werden Brautpaare auch damit überrascht, dass sie im Flur ihrer Wohnung auf mit Wasser gefüllte Papp- oder Plastikbecher treffen, die so dicht nebeneinander stehen, dass die beiden nicht hindurchkommen. Um zum Schlafzimmer zu gelangen, werden sie dann wohl oder übel jeden einzelnen Becher ausleeren und entsorgen müssen – und das möglichst ohne zu kleckern, denn nach Putzen steht ihnen jetzt wohl nicht der Sinn!
Achtung: Bei diesem Hochzeitsnachtscherz sollten Sie auf die Beschaffenheit des Boden achten. Ein wenig Wasser wird immer verschüttet werden, bei Holz- oder Parkettböden kann daher einiger Schaden entstehen!

Ein neuer Text für den Anrufbeantworter

Diesen Scherz wird das Brautpaar erst nach einiger Zeit bemerken, doch wird auch er für große Erheiterung sorgen – vor allem bei denjenigen, die in den Tagen nach der Hochzeit beim Brautpaar anrufen. Besprechen Sie den Anrufbeantworter mit einem neuen Ansagetext, zum Beispiel mit: »Hallo, hier sind Petra und Klaus. Leider sind wir noch zu erschöpft von unserer Hochzeitsnacht, um Ihren Anruf entgegenzunehmen. Wenn Sie uns eine Nachricht nach dem Pfeifton hinterlassen, rufen wir Sie zurück, sobald wir wieder bei Kräften sind.«

Das frisch gebackene Ehepaar wird sich zunächst wundern, wenn es immer wieder auf den witzigen Text angesprochen wird – es wird allerdings nicht lange dauern, bis es Ihnen auf die Schliche kommt.

Spinnennetz

Spannen Sie Schnüre quer durch den Flur, sodass eine Art Spinnennetz entsteht, durch das sich das Brautpaar erst hindurchkämpfen muss. Die Schnüre können Sie an Möbeln oder an der Wand befestigen – aber spannen Sie sie nicht zu straff, damit nichts beschädigt wird oder umfällt. In diesem Spinnennetz können Sie zusätzlich noch Dinge wie zum Beispiel Luftballons, Blumen oder Ähnliches festbinden. Ans Ende des Flurs hängen Sie dann gut sichtbar eine Schere – leider jedoch außer Reichweite für das Brautpaar.

Schlüssel einfrieren

Entwenden Sie ein paar Tage vor der Hochzeit unauffällig den Schlüssel zum Schlafzimmer des Brautpaars – das wird nicht groß auffallen, denn normalerweise versperrt man sein Schlafzimmer ja nicht. Lassen Sie ein zweites Exemplar des Schlüssels anfertigen und frieren Sie das Original in einem großen Eisblock ein. Während der Hochzeitsfeier schleichen Sie sich dann in die Wohnung des Brautpaars, sperren die Tür des Schlafzimmers mit dem Zweitschlüssel ab und platzieren den Eisblock in der Badewanne oder Dusche. Das Brautpaar muss sich dann überlegen, wie es das Eis möglichst schnell zum Schmelzen bringen kann.

Das grüne Badezimmer

Haben Sie einen grünen Daumen? Dann bringen Sie das Badezimmer des Brautpaars zum Blühen. Dazu bepflanzen Sie einfach Toilettenschüssel, Waschbecken, Dusche und/oder Badewanne mit Rosen, Blumen, Palmen oder Kakteen.

Tipp: Wenn Sie Waschbecken & Co. vorher mit einer Plastikfolie auslegen, wird die Schlammschlacht nicht ganz so groß!

Das verhüllte Ehebett

Verpackungskünstler unter den Hochzeitsgästen können sich am Ehebett so richtig austoben. Kaufen Sie jede Menge Packpapier und peppen Sie dieses etwas auf, zum Beispiel indem Sie es mit Herzen, Blumen und Ähnlichem bemalen oder Pailletten darauf kleben. Mit diesem Papier packen Sie dann das Bett des Brautpaars ein – sozusagen als Geschenk in Übergröße. Hübsch sieht es auch aus, wenn Sie noch eine riesengroße Tüllschleife um das eingepackte Bett wickeln.

Das bunte Frühstück

Nach der Hochzeitsnacht wird sich das Brautpaar besonders auf ein herzhaftes Frühstück freuen. Doch wenn es den Kühlschrank öffnet, wird es sein blaues Wunder erleben. Sie haben nämlich am Abend zuvor etlichen Lebensmitteln mit Hilfe von Lebensmittelfarbe ein neues Gesicht gegeben. Die Butter ist nun himmelblau, die Milch rot und auch ein paar knallbunte Ostereier (im Juni!) zieren den Kühlschrank.

Achtung! Befolgen Sie die Gebrauchsanweisung der Lebensmittelfarbe. Oft reicht schon ein einziger Tropfen, um dem Nahrungsmittel die gewünschte Farbe zu geben.

Hochzeitsbräuche aus aller Welt

Wie feiert man eine Hochzeit eigentlich in anderen Ländern? Viele Sitten und Bräuche aus dem Ausland, vor allem aus den USA und Großbritannien, sind uns aus Fernsehen und Kino bestens bekannt. Doch auch andere Länder, wie zum Beispiel Frankreich oder China, haben Traditionen zu bieten, die wir leicht in eine hiesige Hochzeitsfeier einbauen können. Dies empfiehlt sich vor allem, wenn ein Paar eine enge Bindung zu einem Land hat, zum Beispiel weil es dort gern seinen Urlaub verbringt oder sich vielleicht sogar dort kennen gelernt hat. Bei binationalen Ehen bietet es sich geradezu an, Traditionen aus beiden Ländern in die Feier zu integrieren.

USA: Die Rolle des Brautvaters

Ein Brauch aus den USA, der sich mittlerweile auch bei uns etabliert hat, ist die Aufgabe des Brautvaters, seine Tochter zum Altar zu führen und sie dort dem Bräutigam zu übergeben. So stellt der bisher wichtigste Mann im Leben einer Frau sicher, dass sie auch in Zukunft in guten Händen ist.

Großbritannien: Das liebe Wetter

In Großbritannien ist es ein Glücksfall, wenn einmal die Sonne scheint – und dementsprechend glücklich wird auch ein Ehepaar, das an einem solchen Sonnentag heiratet. Was dies wiederum für den Großteil der britischen Ehen heißt, darüber sollte man an dieser Stelle lieber nicht nachdenken.
Bei uns dagegen ist eine verregnete Hochzeitsfeier zwar unangenehm, allerdings noch lange keine Katastrophe. Wenn es

zum Beispiel morgens oder abends regnet – so heißt es –, soll das Brautpaar reich werden. Das ist doch auch schon etwas, oder?

Frankreich: Freie Sicht aufs Strumpfband

Für viel Erheiterung auf einer Hochzeitsfeier wird der folgende französische Brauch sorgen – und zudem ein wenig Geld in die Hochzeitskasse bringen. Hier bieten die männlichen Gäste der Braut Geld, damit sie ihren Rock ein wenig lüftet. Die weiblichen Gäste bieten dagegen, sodass der Rock nur langsam ein wenig höher rutscht. Wenn schließlich das Strumpfband zum Vorschein kommt, ist das Spiel zu Ende. Der Höchstbietende bezahlt und erhält zum Lohn das Strumpfband.

Italien: Zuckermandeln für die Gäste

In Italien verteilt das Brautpaar gezuckerte Mandeln an die Gäste der Hochzeitsfeier. Die Mandeln repräsentieren das Bittere und das Süße im Leben.

Griechenland: Geld für die Braut

Wie turbulent es auf einer griechischen Hochzeit zugehen kann, wissen wir Mitteleuropäer spätestens seit dem Film *My Big Fat Greek Wedding*. Ein beliebter Hochzeitsbrauch in Griechenland ist das Sammeln von Geldscheinen. Dabei geht ein Verwandter des Brautpaars nach der Zeremonie herum und sammelt Geldscheine von den Hochzeitsgästen ein, die dann der Braut ans Kleid geheftet werden.

Indien: Lauf ums Feuer

Auch hier hat das Kino vermittelt: Durch Filme wie *Monsoon Wedding* oder *Kick it like Beckham* wurden opulente und farbenprächtige indische Hochzeiten und die damit verbundenen

Traditionen und Zeremonien auch hierzulande bekannt. Zugegeben, es ist nicht jeder Frau Sache, im Sari vor den Altar zu treten, doch ein traditioneller indischer Brauch lässt sich zumindest auch hier pflegen: Um seine Ehe zu besiegeln, geht das Brautpaar in Indien sieben Schritte um ein heiliges Feuer – eine schöne Zeremonie für den Abend des Hochzeitsfestes.

China: Knallfrösche und Feuerwerk

In China gehören Feuerwerk und Böllerschüsse fest zu einer Hochzeit: Geknallt wird eigentlich immer – am Morgen des Hochzeitstages, nach der Trauungszeremonie und natürlich auf dem Höhepunkt der Feier. Wer seine Nachbarn nicht allzu sehr nerven will, sollte sich auf ein einziges Feuerwerk beschränken, das jedoch mit Sicherheit für Staunen und Begeisterung bei den Hochzeitsgästen sorgen wird.

Thailand: Blumengirlanden gegen böse Geister

Böse Geister, die dem Brautpaar schaden wollen, gibt es nicht nur in Deutschland, sondern überall auf der Welt. So haben sich auch in aller Herren Länder Traditionen und Bräuche entwickelt, um diese abzuschrecken und von einem Brautpaar fern zu halten. In Thailand zum Beispiel tragen die Brautleute Blumengirlanden. Bestimmt sieht das auch an europäischen Brautpaaren hübsch aus!

8. KAPITEL
Das besondere Fest: Überraschungs- und Mottohochzeit

Früher bezahlten die Eltern der Braut traditionell die Hochzeitsfeier, heute jedoch tun sich die Familien von Braut und Bräutigam meist zusammen und richten die Feier gemeinsam aus. Doch wie wäre es einmal mit einer ganz anderen Idee? Warum organisieren und bezahlen nicht einmal sämtliche Freunde und Verwandten des Brautpaars die Hochzeit? Eine Überraschungshochzeit ist unkonventionell und immer ein Knüller – vor allem für Brautpaare, die vielleicht nur wenig Geld haben.

Die Überraschungshochzeit

Auch wenn die Hochzeitsfeier eine Überraschung sein soll – im Vorfeld geht trotzdem nichts ohne das Brautpaar. Erkundigen Sie sich danach, ob es wirklich nur aus finanziellen Gründen auf eine große Feier verzichten will. Vielleicht möchte das Brautpaar ja auch einfach nur seinen großen Tag in aller Stille verbringen, weil es rauschenden Festen nichts abgewinnen kann? Dann wird nämlich Ihr Fest keine gelungene Überraschung sein.
Wenn Sie planen, das Brautpaar nach dem Standesamt oder der Kirche an den Ort der Feier zu entführen, sollten Sie sich außerdem danach erkundigen, ob die Brautleute nicht bereits etwas anderes vorhaben, zum Beispiel am Nachmittag schon

in die Flitterwochen aufbrechen wollen. Auch in einem solchen Fall haben Sie sich nämlich viel Arbeit umsonst gemacht.

Hat das Brautpaar allerdings nichts dagegen, sich an seinem großen Tag so richtig überraschen zu lassen, so dürfen Sie sich getrost ans Werk machen. Wichtig ist auch hier wieder, dass Sie ein Organisationsteam bilden, das die Planung und Gestaltung der Hochzeit in die Hand nimmt. Darunter sollte mindestens eine Person sein, die das Brautpaar sehr gut kennt, also zum Beispiel eine beste Freundin oder ein bester Freund.

Dies ist unter anderem deshalb wichtig, damit bei der Aufstellung der Gästeliste niemand vergessen wird – allerdings dürfen Sie hierbei auch das Brautpaar um Mithilfe bitten. Teilen Sie den Gästen gleich auf der Einladung mit, dass die Feier eine Überraschung für das Brautpaar werden soll und dass statt eines Geschenks jeder seinen Obolus zur Finanzierung des Festes leisten soll. Dazu ist es erforderlich, vorher die Kosten der Feier zu berechnen, damit Sie festlegen können, wie viel ein jeder Gast ungefähr beisteuern muss. Bestimmen Sie auch einen Zeremonienmeister, der die Fäden in der Hand hält. Er sorgt dafür, dass sowohl bei der Planung als auch bei der tatsächlichen Feier alles reibungslos abläuft.

Ansonsten gehen Sie bei der Planung einer Überraschungshochzeit genauso vor wie bei der Organisation einer »normalen« Hochzeit – mit dem kleinen Unterschied, dass das Brautpaar möglichst nichts von Ihren Aktivitäten mitbekommt! Ort der Feier, das Menü, Dekoration, Musikauswahl, Spiele, Reden, Bräuche – all das liegt also ganz in Ihrer Hand. Behalten Sie dabei jedoch stets die Wünsche und Interessen des Brautpaars im Auge. Wenn Braut und Bräutigam zum Beispiel überzeugte Vegetarier sind, sollten Sie dies bei der Wahl des Festmenüs berücksichtigen.

Ob Sie die Überraschungshochzeit ganz traditionell gestalten, bleibt natürlich Ihnen überlassen. Wie wäre es aber stattdessen einmal mit einer Motto- oder Themenhochzeit?

Die Mottohochzeit

Nicht selten finden Hochzeiten unter einem ganz bestimmten Motto statt – allerdings sollten Sie bei der Wahl dieses Mottos die Interessen des Brautpaars berücksichtigen. Sind »Ihre« Braut und »Ihr« Bräutigam begeisterte Science-Fiction-Fans? Dann könnten Sie zum Beispiel eine »Hochzeit auf einem anderen Stern« veranstalten, mit den entsprechenden Kostümen und Dekorationen. Oder wie wäre es mit einer »Hochzeit aus 1001 Nacht«, einer karibischen Party, einer rustikalen Hochzeit im Heustadel, einer Country-und-Western-Hochzeit oder einem Picknick im Grünen? Vielleicht möchten Sie Brautpaar und Gäste ja auch in die Vergangenheit entführen, in die Goldenen Zwanziger oder die schrillen Siebziger?
Ihrer Fantasie sind keine Grenzen gesetzt – Sie kennen ja Ihr Brautpaar und wissen am besten, was es sich wünscht! Berücksichtigen Sie dabei aber auch die Interessen der Gäste: So manche Oma oder Großtante mag eine Harley-Davidson-Party vielleicht etwas befremdlich finden, und Sie wollen mit Ihrem Fest ja niemanden vor den Kopf stoßen. Geben Sie das Motto Ihres Festes auf jeden Fall auf der Einladungskarte bekannt, sodass die Gäste Ihre Kleidung darauf abstimmen oder noch die eine oder andere Ausrede erfinden können, falls das Motto nicht ihrem Geschmack entsprechen sollte.
Haben Sie Ihr Motto erst einmal gefunden, so gilt es, das Fest ganz darauf abzustimmen: Dekoration, Menü, Spiele und andere Unterhaltungselemente – sie alle sollten mit dem Motto auf die eine oder andere Weise zu tun haben.
Sehr beliebt sind zum Beispiel mittelalterliche Hochzeiten auf einer Burg. Auf den Tisch kommen Spanferkel und andere deftige Speisen, und auch Ihre Spiele können Sie perfekt auf die Umgebung und das Ambiente abstimmen – ganz egal, ob Sie nun einen Minnesänger engagieren oder einen Ritter auf einem weißen Pferd Glückwünsche überbringen lassen. Auch mittelalterliche Spiele wie Steinheben oder Ringestechen (allerdings lieber zu Fuß als zu Pferde) eignen sich gut für eine solche Mottohochzeit.

Anhang

Die besten Internetadressen für die Hochzeitsfeier

Unter folgenden Internetadressen finden Sie Tipps und Anregungen für die Gestaltung einer Hochzeitsfeier:

- www.feste-online.de: Auf dieser Seite finden Sie Sprüche, Zitate, Sketche, Lieder, Gedichte und Artikel zu verschiedenen Festen, darunter auch zur Hochzeit.
- www.braut.de: Alles, was eine Braut (und ihr Bräutigam) wissen muss, darunter auch Tipps und Anregungen für Spiele, Mottohochzeiten, Reden und Bräuche.
- www.weddix.de: Eine der umfangreichsten Websites zum Thema Hochzeit. Hier finden Sie unter anderem Reden, Spiele, Tipps für die Hochzeitszeitung, Gedichte, Bräuche aus dem In- und Ausland sowie Anregungen für Themenhochzeiten.
- www.abc-der-hochzeit.de: Hier finden Sie alles rund ums Thema Hochzeit.
- www.123-hochzeitszeitung.de gibt Tipps rund um die Hochzeitszeitung.
- www.online-hochzeitszeitung.de gibt Anregungen für die Gestaltung der Hochzeitszeitung.
- www.wege-online.de: Hier finden Sie alles rund um die Hochzeitszeitung, aber auch Ideen für Spiele, Geschenke und Lieder.

Folgende Websites erweisen sich bei der Gestaltung einer Hochzeitsfeier ebenfalls als nützlich:
- **www.weltchronik.de:** Hier finden Sie wesentliche Daten der Weltgeschichte, Geburts- und Sterbetage berühmter Persönlichkeiten und vieles mehr für jeden Tag des Jahres.
- **www.zitate.de** und **www.aphorismen.de** bieten – wie der Name schon sagt – Zitate und Aphorismen zu allen erdenklichen Themen, auch rund um Hochzeit, Ehe und Liebe.
- **www.witze.de** und **www.witze-welt.de:** Auch der Inhalt dieser Websites ist nicht allzu schwer zu erraten. Hier finden Sie allerlei Witze und Humorvolles – entweder für die Hochzeitszeitung oder als Grundlage für einen selbst geschriebenen Sketch.

Wissen spielerisch vermitteln

978-3-453-60003-4

Roger-Pol Droit
Wer glaubt was?
Wie ich meiner Tochter
die Religionen erkläre
978-3-453-60003-4

Roger-Pol Droit
Fünf Minuten Ewigkeit
101 philosophische
Alltagsexperimente
978-3-453-87891-4

CUS
Quiz me, Amadeus!
Das große Mozart-Rätsel
978-3-453-12039-6

Kurt Pahlen
Erklär mir die Musik
Eine Entdeckungsreise ins
Wunderland der Musik
978-3-453-60024-9

Bettina Stiekel (Hrsg.)
*Kinder fragen,
Nobelpreisträger antworten*
Mit einem Vorwort von
Axel Hacke
978-3-453-60022-5

Spiele
Die beliebtesten Klassiker

978-3-453-68505-5

Bernd Brucker
Die schönsten Würfelspiele
Klassiker und neue Ideen
für Kinder und Erwachsene
978-3-453-68505-5

Linda Conradi
*Die wichtigsten
Kartenspiele*
Rommé, Skat, Canasta, Doppel-
kopf, Bridge und vieles mehr
978-3-453-87938-6

Gilbert Obermair
Patiencen
Die 40 schönsten Varianten ·
Für Anfänger und Fort-
geschrittene · Beispiele,
Aufgaben und Lösungen
978-3-453-87706-1

Birgit Adam
*Die bsten Denk- und
Gedächtnisspiele*
Von leicht bis kniffelig ·
Zum Selberknobeln und
Rätseln im Freundeskreis
978-3-453-68514-7

Bernd Brucker
Fingerspiele
Klassiker und neue Ideen für
Babys und Kleinkinder
978-3-453-68502-4

Schluss mit den Floskeln!

Zu jedem Anlass das passende Wort

978-3-453-86943-1

Birgit Adam
Glückwünsche für alle Anlässe
978-3-453-86943-1

Birgit Adam
Reden, Glückwünsche und Verse zur Hochzeit
978-3-453-86409-2

Bernd Brucker
Reden, Glückwünsche und Verse für Familienfeste
978-3-453-87940-9

Hansjürgen Jendral
Musterreden für alle Anlässe
Ansprachen und Festreden bei Familienfeiern, in Beruf, Firma und Verein
978-3-453-86408-5